BRINQUEDO
E CULTURA

EDITORA AFILIADA

Questões da Nossa Época
Volume 20

Dados Internacionais de Catalogação na Publicação (CIP)
(Câmara Brasileira do Livro , SP, Brasil)

Brougère, Gilles
    Brinquedo e cultura / Gilles Brougère ; revisão técnica e versão brasileira adaptada por Gisela Wajskop. -- 8. ed. -- São Paulo : Cortez, 2010. -- (Coleção questões da nossa época ; v. 20)

    Título original: La poupèe industrielle, miroir de la société.
    Bibliografia.
    ISBN 978-85-249-1648-9

    1. Brinquedos - Aspectos sociais 2. Brinquedos - Indústria e comércio 3. Jogos - Aspectos sociais I. Título. II. Série.

10-09476
                                   CDD-306.48

Índices para catálogo sistemático:

1. Brinquedos : Aspectos sociais : Sociologia   306.48

Gilles Brougère

BRINQUEDO E CULTURA

Revisão técnica e versão brasileira
adaptada por Gisela Wajskop

8ª edição
6ª reimpressão

BRINQUEDO E CULTURA
Gilles Brougère

Capa: aeroestúdio
Preparação de originais: Solange Martins
Revisão: Pedro Borges Junior
Composição: Linea Editora Ltda.
Coordenação editorial: Danilo A. Q. Morales

Fontes originais

La poupèe industrielle, miroir de la société. *Les Etats Gènèraux de la Poupèe*, Paris CERP, 1985.

Le jouet, objet dans l'impregnation culturelle de l'enfant. 16º Congresso do ICCP, Suhl (RDA), out. 1987.

Jeu, jouets et télévison. *Jouets et socialism de l'enfant*. Association pous la Recherche Interculturelle, Toulouse, 1989.

Jeux et jouets de guerre. *Non-violence Actualité*, Dossier Spécial, 1991.

Que peut le jeu? Atas do 3º Congresso da FNAREN (Fédération Nationale des Associations de Rééducateurs de l'Education Nationale).

Nenhuma parte desta obra pode ser reproduzida ou duplicada sem autorização expressa do autor e do editor.

© 1994 by Gilles Brougère

Direitos para esta edição
CORTEZ EDITORA
Rua Monte Alegre, 1074 – Perdizes
05014-001 – São Paulo - SP
Tel.: (11) 3864-0111   Fax: (11) 3864-4290
E-mail: cortez@cortezeditora.com.br
www.cortezeditora.com.br

Impresso no Brasil – março de 2022

Sumário

Prefácio 7

1. O brinquedo, objeto extremo................................ 11
2. A boneca industrializada, espelho da sociedade.. 25
3. O papel do brinquedo na impregnação cultural da criança 41
4. Brincadeira, brinquedos e televisão 53
5. Os brinquedos e a socialização da criança 65
6. Brincadeiras e brinquedos de guerra 81
7. Que possibilidades tem a brincadeira?................. 95

Bibliografia 115

Prefácio

Associar brinquedo e cultura não é, ainda, uma atitude frequente entre os poucos pesquisadores que se interessam pelo brinquedo. Antes de tudo, é preciso dizer que, para muitos, este objeto, destinado à criança não é digno de um investimento científico, como se a qualidade da pesquisa estivesse associada ao estatuto social do objeto. Em seguida, constata-se que são, normalmente, os psicólogos que se debruçam sobre o estudo do brinquedo, orientando seus trabalhos, sobretudo, sobre os efeitos do uso do objeto sobre a criança. Nestes casos, o brinquedo é um suporte entre tantos outros possíveis: o verdadeiro sujeito da pesquisa é o desenvolvimento infantil.

O que propomos, juntamente com outros pesquisadores como Sutton-Smith (1986) ou Kline (1993), é considerar o brinquedo como produto de uma sociedade dotada de traços culturais específicos. Por um lado, o brinquedo merece ser estudado por si mesmo, transformando-se em objeto importante naquilo que ele revela de uma cultura. De outro lado, antes de ter efeitos sobre o desenvolvimento infantil, é preciso aceitar o fato de que ele está inserido em um sistema social e suporta funções sociais que lhe conferem razão de ser. Para que existam brinquedos é preciso que certos membros da sociedade deem sentido ao fato de que se produza, distribua e se consuma brinquedos.

Para ilustrar esta dimensão social do brinquedo, podemos evocar o presente, particularmente o presente de Natal. Pode-se perguntar se, caso essa festa inexistisse, este objeto teria a mesma função social. No Natal, o brinquedo se insere em um sistema de doação ritualizado entre pais, familiares e as crianças. Uma das funções sociais do brinquedo é a de ser o presente destinado à criança, de forma relativamente independente do uso que se fará dele. O sistema de produção e distribuição social concebe e difunde o brinquedo de forma a que ele possa responder a esta função social — na França, consome-se quase dois terços de brinquedos nesta época!

Mas o brinquedo possui outras características, de modo especial a de ser um objeto portador de significados rapidamente identificáveis: ele remete a elementos legíveis do real ou do imaginário das crianças. Neste sentido, o brinquedo é dotado de um forte valor cultural, se definimos a cultura como o conjunto de significações produzidas pelo homem. Percebemos como ele é rico de significados que permitem compreender determinada sociedade e cultura.

Os seis primeiros textos do livro buscam compreender o significado do brinquedo, através de diferentes perspectivas e exemplos variados. O primeiro propõe uma definição das características do brinquedo, mostrando que ele é, antes de tudo, o suporte de uma representação. A criança que manipula um brinquedo possui entre as mãos uma imagem a decodificar. A brincadeira pode ser considerada como uma forma de interpretação dos significados contidos no brinquedo.

Os textos seguintes aprofundam esse tema, colocando em evidência os diferentes aspectos do sistema de significados transmitidos pelo brinquedo. Através do exemplo da boneca podemos constatar que o brinquedo é menos uma representação do real que o espelho da sociedade, quer dizer, das relações entre adultos e crianças. A imagem do brinquedo sintetiza a representação que uma dada sociedade tem da criança. Não é uma visão realista, mas uma imagem do mundo destinada à criança e que esta deverá construir para si própria. O brinquedo se mostra como um objeto complexo que permite a compreensão do funcionamento da cultura. Os textos seguintes interrogam os efeitos do brinquedo sobre a criança, no âmbito de sua socialização ou de sua integração no universo codificado de uma determinada cultura.

O livro encerra com um texto sobre a brincadeira. Se ela não é a única razão de ser do brinquedo, trata-se da situação em que este é mais utilizado. É preciso que se disponha de uma reflexão sobre o que é a brincadeira, caracterizada pela possibilidade de a criança ser o sujeito ativo, numa situação sem consequências imediatas e incerta quanto aos resultados.

Nessas circunstâncias o uso dos brinquedos é aberto. A criança dispõe de um acervo de significados. Ela deve interpretá-los: a criança deve conferir significados ao brinquedo, durante sua brincadeira. Neste sentido, o brinquedo não condiciona a ação da criança: ele lhe oferece um suporte determinado, mas que ganhará novos significados através da brincadeira.

Nosso objetivo é compreender o funcionamento social e simbólico do brinquedo. Que o leitor brasileiro tire suas próprias conclusões: não cabe a nós dizer o que pensar sobre este ou aquele objeto lúdico, que talvez pertença a sociedades cujas condições sociais e culturais abrem novos caminhos para a pesquisa.

1

O brinquedo, objeto extremo

Se o objeto é analisado como uma estreita associação entre uma função (ou uso em potencial) e um valor simbólico (ou significação social produzida pela imagem), podem-se distinguir aqueles nos quais predomina a função (objetos técnicos) daqueles em que o valor simbólico parece essencial (roupas, mobília) sem que se possa, no entanto, eliminar sua função. Sem função, o objeto pode perder seu sentido usual, ou seja, perde sua utilidade. Onde encontramos o domínio exclusivo do valor simbólico é no campo da arte tal como ela se desenvolveu, desde o período romântico, como valor absoluto, independentemente de qualquer uso, distinta, entre outras coisas, de qualquer concessão à arte decorativa que fundamenta sua utilidade na decoração.

Queremos mostrar de que modo um objeto como o brinquedo não se deixa incluir nessa análise.: ele é marcado, de fato, pelo domínio do valor simbólico sobre a função ou, para ser mais fiel ao que ele é, a dimensão simbólica torna-se, nele, a função principal. Esse domínio da imagem aproxima-o da obra de arte e nos indica a grande riqueza simbólica da qual ele dá testemunho. Porém, nem por isso, ele é não funcional, na medida em que essa dimensão funcional vem, justamente, se fundir com seu valor simbólico, com sua significação enquanto imagem. Mas, precisamos, para começar, justificar essa análise do brinquedo, que rompe com todo um discurso que o torna funcional, baseada em dados, relativamente vagos, originados na psicologia infantil.[1]

Para isso, precisamos, em primeiro lugar, delimitar o que é legítimo chamar de brinquedo, apoiando-nos no uso comum da palavra. De fato, o vocabulário usual, aquele que crianças e pais empregam espontaneamente, também usado nos catálogos e revistas de brinquedos, distingue, no conjunto dos objetos lúdicos, os brinquedos dos jogos. Aquilo que é chamado de jogo (jogos de sociedade, de construção, de habilidade, jogos eletrônicos ou de vídeo...) pressupõe a presença de uma função como determinante no interesse do objeto e anterior a seu uso legítimo: trata-se da regra para um jogo de sociedade ou do princípio de construção (encaixe, montagem) para as peças de um jogo de construção. Mesmo que para esses objetos a imagem seja essencial, e

---

1. Para uma análise funcional séria de brincadeiras e brinquedos consultou-se Garon, Denise. *La classification des jeux et joueu, le système ESAR*. Documento. Québec: La Pocatière, 1985.

ela o é cada vez mais, a função justifica o objeto na sua própria existência como suporte de um jogo potencial. É claro que os jogos de sociedade não são puras expressões de princípios lúdicos mas, após o Monopólio, são cada vez mais a representação de um aspecto da vida social, pelo menos quando não se referem a um universo imaginário. Eles associam valor simbólico e função, como o faz, há séculos, o jogo de xadrez, porém, neste caso, a imagem desapareceu sob a estrutura do jogo, cujas peças significam aspectos diferentes pela sua própria forma, podendo o jogador esquecer os símbolos ancestrais subjacentes.

O brinquedo, em contrapartida, não parece definido por uma função precisa: trata-se, antes de tudo, de um objeto que a criança manipula livremente, sem estar condicioando às regras ou a princípios de utilização de outra natureza. Podemos, igualmente, destacar uma outra diferença entre o jogo e o brinquedo. O brinquedo é um objeto infantil e falar em brinquedo para um adulto torna-se, sempre, um motivo de zombaria, de ligação com a infância. O jogo, ao contrário, pode ser destinado tanto à criança quanto ao adulto: ele não é restrito a uma faixa etária. Os objetos lúdicos dos adultos são chamados exclusivamente de jogos, definindo-se, assim, pela sua função lúdica.

O brinquedo é um objeto distinto e específico, com imagem projetada em três dimensões, cuja função parece vaga. Com certeza podemos dizer que a função do brinquedo é a brincadeira. Mas, desse modo, definimos um uso preciso. A brincadeira não pertence à ordem do não funcional. Por detrás da brincadeira, é muito difícil descobrir uma função que poderíamos descrever com precisão: a brincadeira escapa a qualquer função precisa e é, sem dúvida, esse fato que a definiu, tradicionalmente, em torno das ideias de gratuidade e até de futilidade. E, na verdade, o que caracteriza a brincadeira é que ela pode fabricar seus objetos, em especial, desviando de seu uso habitual os objetos que cercam a criança; além do mais, é uma atividade livre, que não pode ser delimitada. É possível, *a priori*, definir o que é brincar com uma bonequinha ou um automóvel em miniatura? É claro que existem atos mais prováveis do que outros, mas falta uma definição precisa da utilidade, só se podendo dizer que ela tem relação com o fato de que o brinquedo é um automóvel ou uma representação humana, o que é voltar à imagem. Encontramos nossa primeira proposição: no brinquedo, o valor simbólico é a função. E isso é tão verdadeiro que está totalmente de acordo com a própria lógica da brincadeira. De fato, o que é uma brincadeira senão a associação entre uma ação e uma ficção, ou seja, o sentido dado à ação lúdica? A brincadeira não pode estar limitada ao agir: o que a criança faz tem sentido, é a lógica do fazer de conta e de tudo o que Piaget chama de brincadeira simbólica (ou semiótica). O objeto tem o papel de despertar imagens que permitirão dar sentido a essas ações. O brinquedo é, assim, um fornecedor de representações manipuláveis, de imagens com volume: está aí, sem dúvida, a grande originalidade e especificidade do brinquedo que é trazer a terceira dimensão para o mundo da representação. É claro que essa imagem manipulável deve ser adaptada à criança tanto no que diz respeito ao seu conteúdo quanto na sua forma, para ser verdadeiramente reconhecida como brinquedo.

Por outro lado, quanto mais se vai em direção ao jogo, mais a função vai levá-lo para a representação: é o que encontramos nos objetos que chamamos indiferentemente de jogo ou de brinquedo de descoberta. Para alguns trata-se, sobretudo, de evidenciar as funções ligadas ao jogo sensório-motor da criança (por exemplo, os quadros ditos de descoberta), para outros a dimensão representativa é essencial, dominando-o. É preciso, portanto, considerar dois polos no universo dos objetos lúdicos, do jogo ao brinquedo, do domínio da função ao domínio do símbolo com todas as situações intermediárias: poderíamos, assim, distribuir sobre esse eixo o conjunto desses objetos. O polo brinquedo que, aqui, nos interessa mais particularmente, é marcado pelo domínio do simbólico sobre o funcional, até pelo fato de que o simbólico é a própria função do objeto. Traduzido em termos "funcionalistas", importa, por trás de tudo, a função expressiva do objeto, a tal ponto que ela faça desaparecer qualquer outra função: o objeto deve significar, deve traduzir um universo real ou imaginário que será a fonte da brincadeira. Encontramos essa força expressiva na arquitetura dos parques de diversão (Disneylândia e outros) que deve expressar o universo de referência que se apresenta ao público. Porém, a imagem também não é substituída mesmo que aqui ela oculte a função.

Com seu valor expressivo, o brinquedo estimula a brincadeira ao abrir possibilidades de ações coerentes com a representação: pelo fato de representar um bebê, uma boneca-bebê desperta atos de carinho, de troca de roupa, de dar banho e o conjunto de atos ligados à maternagem. Porém, não existe no brinquedo uma função de maternagem; há uma representação que convida a essa atividade num fundo de significação (bebê) dada ao objeto num meio social de referência. E a evolução da boneca, há um século, nos mostra como a representação evoluiu para significar uma criança cada vez menor, até chegar, realmente, ao nenê. É a imagem que caracteriza a especificidade da boneca. Isso também é verdade em relação às bonecas ditas com função (que andam sozinhas, por exemplo): correspondem menos a uma função, a um uso do objeto, do que ao aprofundamento de sua imagem, no caso por animação; a criança não faz mais sua boneca andar, ela anda sozinha; a imagem se enriquece com um valor dinâmico. Um outro exemplo desse valor da imagem que se torna função nos é dado pela predileção pelo fantástico e monstruoso nos bonecos destinados aos meninos. É preciso analisar essa imagem como essencial ao brinquedo: está na origem do sucesso de bonequinhos como os "Masters of Universe — He Man" e, mais do que o quadro, aparece como o verdadeiro estímulo da brincadeira, permitindo dar um sentido às ações, e até construir ações (magia) em relação ao universo de referência.

É por isso que o brinquedo me parece ser um objeto extremo, devido à superposição do valor simbólico à função. Porém, pode ser um objeto que sirva de exemplo quando convida a refletir sobre outros objetos que podem, igualmente, implicar, ao menos parcialmente, uma tal superposição. Conceber e produzir um brinquedo é transformar em objeto uma representação, um mundo imaginário ou relativamente real. Se partirmos de uma função, conceber um brinquedo é introduzi-lo numa ficção e numa lógica simbólica. Assim acontece com alguns brinquedos cuja dimensão funcional deve estar traduzida numa imagem que vale por si mesma. Esse é o caso de um dos primeiros objetos desse tipo, os jogos de construção Playskool, cuja primeira versão em madeira data de 1941.[2] Em nível funcional, trata-se de blocos de encaixe concebidos e inspirados nos testes de avaliação da inteligência, cujas formas permitem a construção de uma caixa de correio americana. Assim, o brinquedo propõe uma ação que possui um sentido fictício: a criança pode depositar os envelopes numa caixa de correio. Trata-se de um brinquedo cuja abertura lúdica em torno da representação (correio) permite à criança escapar da função proposta (construção e encaixe). Pode-se analisar de maneira semelhante a evolução do Lego, que, sem deixar de lado seu princípio de construção com tijolinhos, propõe, atualmente, *kits* temáticos em torno de representações de piratas, de ficção científica, da Idade Média. Nesse processo, o Lego transforma a brincadeira de construção em brinquedo para construir, na medida em que a representação sobrepõe-se à função-construção, tornando-se a função principal. Nesse caso, a

---

2. Ver esse exemplo e alguns outros no catálogo *Jouets américains de lu petite enfance 1925-1975*. Musée des Arts Décoratifs, 1977.

construção se torna o pré-requisito necessário para a brincadeira.

Esse aspecto simbólico no brinquedo não deve ser tomado como uma característica independente do contexto econômico no qual ele evolui.[3] De fato, desde 1975, na França, mas bem antes nos Estados Unidos e em outros países, o brinquedo vem sendo objeto de publicidade na televisão. Esse fato tem incidência sobre o que ele é. Sua promoção deve ser possibilitada sem que haja confusão com seus concorrentes, levando a valorizar aquilo que pode distingui-lo de todos os outros, ou seja, a imagem que transmite, uma imagem cada vez mais ligada a um universo imaginário. As pressões da propaganda na televisão, a publicidade, assim como os desenhos animados que dão origem aos personagens de brinquedos, levam a aumentar, ainda mais, a dimensão expressiva e simbólica do brinquedo, pela qual ele vai se diferenciar de todos os outros. Consequentemente, o grande sucesso de alguns brinquedos origina-se na concepção de novas imagens. Esse foi o caso dos "Ursinhos Carinhosos", que reativaram o mundo dos bichos em pelúcia pela criação da imagem de uma série de personagens com características bem definidas, mantendo, ao mesmo tempo, a imagem tradicional do ursinho e desenvolvendo aspectos novos coerentes com essa imagem.

Hoje, grande parte dos sucessos e fracassos das empresas multinacionais podem ser exemplificados pela

---

3. Brougère, Gilles. Marché du jouet: choix des enfants et rôle de la famille. In: *Éducation et Pédagogies*, n. 13, p. 38-45, mar. 1992.

adequação do conteúdo simbólico dos brinquedos, cuja concepção é resultado de uma produção de imagens.

Os brinquedos mais próximos da brincadeira, ou seja, que valorizam uma abordagem funcional da brincadeira, e que são encontrados em particular nas empresas francesas, precisaram, igualmente, trabalhar na elaboração da forma de seu produto. Porém, as iniciativas basearam-se em *design* tradicional, acrescentando uma imagem a um objeto funcional. Prepara-se talvez, progressivamente, uma alteração no universo em que a imagem diminua. Sabe-se que outras empresas se contentam em comprar imagens já prontas e de alto valor simbólico, negociando os direitos autorais derivados de certos filmes ou desenhos animados. Tudo isso mostra como o brinquedo se tornou uma indústria da imagem, especialmente sob a pressão da televisão, que é hoje o único meio de se dirigir diretamente à criança. Entretanto, podemos lamentar que as tentativas conjuntas dos Ministérios da Indústria e da Cultura para ajudar a indústria francesa a vencer essa fase difícil tenham fracassado, há alguns anos na França, por não terem parado para analisar o que há de específico numa imagem simbolizada num brinquedo.

Com efeito, a imagem do brinquedo não é qualquer imagem:[4] ela deve ser manipulável no interior da atividade

---

4. Esses aspectos foram analisados sobretudo em Brougère, Gilles. *La représentation de l'habitat duns le jouet*. Ministère de l'équipemente et du logement — CODEJ, 1989. Para uma abordagem cultural do brinquedo, consultou-se também Sutton-Smith, Brian. *Toy as culture*. New York: Gardener Press, 1986.

lúdica da criança e corresponder à lógica da brincadeira e da expectativa daquele que orienta na compra em termos de imagem. Convém, em consequência, distinguir o brinquedo cuja compra foi orientada pelos pais (para as crianças menores) daquele que é pedido pela própria criança. No primeiro caso, a imagem deve, acima de tudo, seduzir o adulto e representar sua relação com a infância. Efetivamente, o brinquedo para bebês, quer se trate de bichos de pelúcia ou de objetos para manipulação, tende a propor uma imagem da criança compatível com a representação positiva que fazemos dela: os brinquedos utilizam, abundantemente, o animismo e o antropomorfismo, transformando os objetos em seres animados e os animais em representações infantis. Códigos que dão conotação da infância, na nossa sociedade, são amplamente usados (como cores, por exemplo). O brinquedo para bebês evoca a exaltação da infância que está na base de sua imagem social. Através do brinquedo, os pais marcam a importância que eles dedicam a seu filho. Assim, as representações utilizam os arquétipos adequados à nossa imagem da criança: por exemplo, a casa tem um telhado vermelho, que significa a segurança e a intimidade do lar. A família, de um modo geral, é onipresente na representação destinada a essa faixa etária. O brinquedo, nessa idade, representa a relação familiar que se faz presente junto à criança.

Quando a criança cresce, ela se distancia da representação que exalta seu estado infantil. Ela é criança e sabe o que isso significa. Não é possível seduzi-la por aí. O mais provável é que ela vá procurar imagens sedutoras de seu futuro estado adulto, através da beleza, da riqueza ou da aventura. A diferença sexual é, aqui, essencial na valorização das imagens. O universo feminino parece ficar junto da família e do cotidiano, enquanto o do menino, que começa, sem dúvida, com a miniatura do automóvel, traduz a vocação para a descoberta dos espaços longínquos, escapando do peso do cotidiano. Qualquer que seja, o brinquedo vai propor à criança uma imagem que exalta o adulto, cujos traços e atividades o transformam num personagem que merece interesse.

Nos dois casos que expusemos rapidamente, a imagem traduz o desejo: desejo da criança ideal, desejo de ser adulto. A imagem remete a uma função social que consiste em propor um conteúdo para o desejo. Pode-se dizer que o brinquedo socializa o desejo, dando-lhe uma forma que pode ser dominada através da brincadeira. E porque a imagem sedutora relaciona-se com o desejo é que ela pode desencadear a brincadeira. Conceber brinquedos é produzir imagens que possuam um significado em relação à lógica do desejo como fundamento da brincadeira.

Tudo isso conduz ao interesse pela função social dessa imagem representada que é o brinquedo, na essência, mas que não se deve confundir com a função da brincadeira. O brinquedo é, acima de tudo, um dos meios para desencadear a brincadeira. Porém, a brincadeira escapa, em parte, ao brinquedo. Este tem, em contrapartida, funções sociais relativas à maneira como ele é colocado à disposição da criança. É preciso, portanto, lembrar sua função como presente, muito particularmente no caso do rito de Natal.

Natal é uma festa da infância[5] e o presente, quase sempre um brinquedo, desempenha um papel central. Mas quando abrimos uma caixa, na confusão da festa, não é a imagem, acima de qualquer função, que tem o papel central. É nesse instante que se exprime a própria lógica da festa. Outras funções sociais do brinquedo em torno da posse e de seu valor de prestígio, até mesmo de sua dimensão mais íntima de suporte de relação afetiva, reforçam a dimensão da imagem tridimensional do brinquedo. Existe, portanto, convergência entre imagem e função social do brinquedo, em torno da relação com objeto e o ato de presenteá-lo. A imagem torna-se a própria expressão da função do brinquedo, portadora dos valores simbólicos que lhe conferem uma significação social.

Que consequências tirar dessa análise? Por um lado, no que diz respeito ao brinquedo, permite-se valorizar o papel de criador de imagem que deve ter quem concebe, e aceitar que a função deriva da imagem e não o contrário. Isso não acontece com qualquer objeto lúdico, mas, no polo extremo, trata-se exatamente disso. O brinquedo tem por característica essencial ser uma imagem num objeto e num volume. É claro que essa imagem deve ser manipulável pela criança e isso supõe uma adaptação, uma consideração da ergonomia de quem vai utilizá-lo. Além disso, ele deve conter funções lúdicas precisas e possibilidades de manipulação que deverão se harmonizar com a imagem para

---

5. Consultar sobre esse assunto Brougère, Gilles. Rite de Nóel et don du jouet. In: *Dialogue*, n. 110, p. 120-127, 4° trim. 1990.

não destruir seu sentido. Uma abordagem funcional, se ela for válida para aquilo que chamamos de brincadeira, corre o risco de passar ao largo da essência do brinquedo.

O resultado é que a concepção de um brinquedo deve se apoiar no estudo sistemático dos universos simbólicos que serão explorados, num trabalho de construção de um conjunto de representações que devem ser ao mesmo tempo coerentes e ricas enquanto tais, mas também capazes de proporcionar funções lúdicas que não introduzam uma ruptura ou um hiato entre os dois níveis. Criar um brinquedo é propor uma imagem que vale por si mesma e que dispõe, assim, de um potencial de sedução, que permite ações e manipulações, em harmonia com as representações sugeridas. Isso aproxima aquele que concebe o brinquedo daquele que cria o universo fictício das histórias em quadrinhos, do cinema e do desenho animado[6] sem que seja de todo possível assimilá-lo a este último na medida em que o trabalho com volume, a consideração da terceira dimensão têm suas exigências e supõem uma preocupação constante com interesses e valores lúdicos no nível da manipulação do objeto. Uma análise puramente funcional do objeto, em vez de dissolver a imagem, correria o risco de conduzir a um esquecimento de como é que ela dá significação ao objeto.

---

6. Brougère, Gilles. L'imaginaire, matière première du jouet. In: *Actes du colloque Savoir-faire technologiques et communications dans l'industrie du jouet*. Are-et-Senan, nov. 1989, publicados pela Maison du Jouet, Moirans-en-Montagne, 1990. p. 23-26.

De um modo mais geral, o brinquedo, por seu próprio "extremismo", nos permite vislumbrar uma direção na análise da relação entre imagem e função no objeto, conhecer não só o domínio da imagem, mas a própria transformação da dimensão simbólica em função do objeto, ultrapassar a oposição entre esses dois aspectos que se encontram em diversas análises do objeto que fazem com que a imagem seja a tradução da função ou um acréscimo mais ou menos valorizado da ordem do suplemento da alma não essencial ao objeto... Porém, a imagem pode ser a função ou participar diretamente dela, como nos mostra o brinquedo.

2

A boneca industrializada, espelho da sociedade

Pelo enunciado deste título, minha proposta pode lhes parecer muito ampla e ambiciosa. Para não correr o risco de causar uma decepção, devo limitá-la. Não me recordo de haver escolhido tal título, porém, quero assumi-lo como problema, como fio condutor. É possível levar a sério essa metáfora do espelho? Tentarei fazê-lo, mas num espaço mais limitado do que o título indica.

Na realidade, a boneca industrializada, em toda a extensão que a noção evoca, não será, verdadeiramente, o meu tema, pois faria parte de uma história das tecnologias industriais, de uma história econômica que, ainda por cima, não tenho condições de estabelecer, visto que não sou um historiador. Há muito tempo que, entre nós, a boneca se relaciona a um sistema de produção que podemos chamar de industrial, mesmo que esta indústria tenha conservado, mais do que outras, aspectos artesanais. Da expressão boneca industrializada, só evocarei o objeto final do atual sistema de produção, concepção e distribuição.

Existe uma descontinuidade nessa história da indústria de bonecas. Atualmente, nascem bonecas de uma outra indústria, uma indústria racionalizada, e isso não somente em nível de produção; voltarei a este assunto. Tratando-se da boneca da indústria racionalizada, poderia ousar chamá--la de boneca racionalizada? Isso parece inconveniente e até mesmo contraditório; justificar-me-ei.

Espelho da sociedade: só se pode concordar. Aparentemente é uma banalidade, mas, afinal, é preciso saber o que engloba tal termo. Trata-se de um objeto que, de uma maneira ou de outra, não reflete a sociedade que o tornou possível; porém, parece que, para ser pertinente, uma análise está sujeita a não terminar nunca. Portanto, não se deve fazê-la aqui.

De que a boneca pode ser o espelho? Da sociedade, ser monstruoso, da qual se poderia dizer que o contorno está em nenhuma parte e o centro em toda parte. Parece haver uma desproporção. E de que espelho se trata? Ele é fiel ou pode-se pensar que é um espelho deformante? Essa deformação através do espelho, se é que existe, talvez não seja arbitrária. Se quisermos ser sérios, é preciso admitir que não confundimos a sociedade ou determinados aspectos com sua representação em forma de boneca. O reflexo se apresenta aos olhos de todos como tal, sem enganar. Ele é infiel, ou fiel a uma outra coisa que não a realidade social, ingenuamente percebida. É isso que nos interessa.

O que a boneca reflete e como o reflete? Eis o que me parece constituir um problema. É claro que não vou lhes propor uma solução, mas, no máximo, alguns elementos para, o que espero, uma melhor compreensão do problema.

1. Indústria e tradição

Na tentativa de traçar esboços de respostas às minhas perguntas, proponho-lhes começar por situar a indústria de bonecas diante do que podemos chamar tradição. Já dei a entender que a noção de sistema industrial não é unívoca. Porém, além das diferenças, existem pontos em comum que apareceram na base de uma ruptura com um outro sistema de produção que chamamos, de forma abreviada, de artesanal ou tradicional. Existem ainda, entre outros aspectos, os intermediários comerciais, a extensão do mercado, as relações entre produtores e consumidores no seio da sociedade. A boneca parece ser fruto dessa ruptura, como muitos outros domínios dos objetos no Ocidente, no século XIX. Evitarei datá-la; essa ruptura já era antevista com algumas formas de bonecas em madeira, e estaria ligada ao surgimento de novos processos, como o trabalho da porcelana?

A ruptura consumada sempre produz intensas mutações: novas técnicas (cf. a importância das patentes registradas), sendo que algumas modificam a produção; fusão de empresas, com a consequente racionalização da organização da produção; criação de novas formas de distribuição com as grandes lojas e a venda por catálogo, entre outras.

O sistema industrial nem por isso se estabilizou depois dessa primeira ruptura; outras mudanças aconteceram no decorrer dos anos, durante este século, não somente na escala da produção com o surgimento da matéria plástica, mas também na distribuição, através de novas formas de promoção e de publicidade, e na própria concepção dos produtos. É nesse movimento que se situa o processo de racionalização que, inaugurado na produção e na sua organização, vai se estender para o campo da distribuição, da promoção e da concepção, com variações importantes de acordo com os países e de acordo com as empresas.

Para nos atermos à concepção, a racionalização passa pela aplicação de técnicas de análise do mercado, de determinação da expectativa dos consumidores (*marketing*), de criatividade e de testes dos modelos fabricados.

O brinquedo, e em particular a boneca, entraram bastante tarde nesse sistema racional de produção, mas hoje em dia estão presentes nele pelo menos parcialmente. Na verdade, tudo aconteceu como se num primeiro momento a indústria se apossasse dos produtos concebidos no espaço artesanal, para produzi-los no novo quadro, modificando-os progressivamente ao ritmo das evoluções tecnológicas. Desse modo, sua concepção permanece, submissa à tradição, mesmo que novos produtos apareçam. Foi somente numa segunda etapa que a concepção se racionalizou, ultrapassando as formas herdadas da tradição e dos métodos intuitivos ou empíricos. Daí a noção de *boneca racionalizada*, evocando a segunda geração da boneca industrializada.

Entretanto, o esquema genérico evocado, do qual são perfeitas testemunhas objetos como o automóvel, pode ser aplicado à boneca? A boneca não é um objeto "tradicional" por excelência, incapaz de aceitar as mudanças industriais descritas. Nesse caso ela não seria mais do que reflexo eterno e nunca reflexo de um sistema de produção e de concepção racional.

Contudo, não se pode omitir que sob algumas de suas formas atuais é um objeto mais recente do que se imagina: a boneca-bebê que representa a criança de forma realista mais do que a mulher ou um ser humano pouco diferenciado, apareceu recentemente, sendo contemporânea do processo de industrialização de meados do século XIX. Esse fato já é recusar o argumento da tradição, da boneca eterna.

Se a existência de uma representação humana oferecida à criança ou criada por ela mesma através da boneca parece ser de extensão quase universal, a forma que toma essa representação varia consideravelmente segundo os sistemas de produção, as expectativas sociais e as mentalidades. Acontece que aquilo que é espelho ou reflexo não é o que existe em comum a todas as bonecas possíveis mas, ao contrário, é aquilo que as diferencia entre si. O que é comum pode ser reflexo de uma estrutura de pensamento próprio à espécie humana, e não reflexo de uma sociedade já determinada.

Certamente existe aqui, como em outros campos, um peso da tradição que se traduz por expectativas relativamente estáveis, em longos períodos, quanto a certos aspectos da boneca. A concepção racionalizada apoia-se também sobre elementos tradicionais. Não existe ruptura radical, mas integração desses elementos num novo quadro do pensamento tecnológico.

Qual é, atualmente, o resultado de um tal processo? Quais são alguns dos efeitos da racionalização para as bonecas contemporâneas?

Propiciou-se o aparecimento das bonecas-vedetes, que (cf. Bleuette[1]) desenvolveram-se com o apoio da publicidade (revistas para crianças, televisão). De fato, existe um desequilíbrio quanto à notoriedade das bonecas, sendo que algumas conseguiram ser cercadas de uma imagem associada a seu nome, isso tanto para a boneca-manequim (como a Barbie, por exemplo) quanto para a boneca dita tradicional. Além da publicidade, a existência de clubes reforça esse fenômeno de notoriedade, permitindo ao fabricante conhecer melhor os consumidores de seu produto. Acontece, também, devido ao desenvolvimento do raio de atração, do universo, poder-se-ia dizer, específico a cada boneca que expressa nas roupas, nos acessórios, nos móveis, a própria imagem da boneca-estrela. Podemos obser-

---

1. *Bleuette* foi criada pela Maison Gautier para ser distribuída às meninas "bem educadas" que comprassem a revista *La Semaine de Suzette*. Lançada em 1905, essa boneca-bebê manteve o mesmo formato e enxoval durante os 35 anos de sua existência. (N. da R.)

var também a diversificação da boneca com a criação de produtos mistos que tomam de empréstimo da boneca clássica uma parte de seu ser: figurinhas articuladas (seriam os novos soldadinhos de chumbo ou as novas bonequinhas?) no meio de universos realistas ou imaginários típicos, de personagens que associam pelúcia e boneca (o Mickey da Disney), de bonecas que copiam sua representação de mundos imaginários antigos dos contos de fada ou novos da ficção científica...

Parece-me, assim, que atualmente a boneca se diversifica de maneira racional, especializando-se para atender a uma determinada função particular ou unindo-se a outros objetos muito próximos da infância. A essa diversificação dos produtos responde a restrição da escolha possível dentro de cada tipo de objeto: dominam algumas sociedades e mesmo alguns modelos, como aqueles que se apoiam em formas modernas de promoção e de distribuição.

Existem outras mudanças muito importantes que integramos na parte oculta dessa racionalização: as bonecas que nunca aparecerão por não corresponderem aos critérios estabelecidos no quadro dessa análise racional do mercado, nem à racionalização dos processos de criação desde o estudo do mercado quantitativo até a criação acompanhada por computador em toda sua introdução nesse campo. O processo de racionalização está longe de ter terminado, pois encontra-se em seus passos iniciais.

O método consiste em tornar a boneca específica, em diversificar as formas da brincadeira de acordo com a idade da criança, e enriquecê-lo associando-o a objetos anexos, que resultam do investimento de conhecimentos exteriores em benefício do próprio objeto; trata-se de racionalização na medida em que métodos empíricos são substituídos por conhecimentos e técnicas mais ou menos estruturadas.

Isso não significa que esse sistema de pressão que organiza a concepção não deixe nenhum espaço para o criador. Há, porém, cada vez mais, criadores que produzem com um bloco de tarefas na mão, cujo trabalho é analisado em seguida, e isso através do cálculo de custos, elemento essencial de uma integração da racionalidade econômica. Entre outras coisas, trata-se de um conjunto de medidas para evitar uma reação negativa do mercado, da qual não se pode esquecer as consequências às vezes dramáticas para a empresa. A boneca é, assim, entre muitos outros produtos, a testemunha de uma sociedade competitiva, onde a racionalização visa, no final das contas, se precaver do fracasso num mercado aberto e com uma concorrência cada vez maior. A racionalização pode, deste modo, resultar da pressão exercida sobre os objetos durante um certo período econômico.

A boneca representa, assim, para quem possui os princípios, as evoluções da abordagem do produto no interior da empresa. Ela é o espelho do sistema de produção ou de concepção, porém um espelho às vezes discreto ou até mesmo dissimulado. Na verdade, a boneca deve, como outros produtos, apagar todos os traços que revelariam sua origem industrial e racional, ao contrário de outros produtos que, orgulhosamente, apregoam essa origem ou a "acrescentam" (aparelhos de som, eletrodomésticos).

Desde já, a noção de espelho causa problema, já que a boneca deve apagar os traços de sua produção; entretanto, algumas ainda os mantêm de maneira visível: a marca do fabricante ou os estigmas dos processos de fabricação que não podem ser apagados. A boneca deve entrar num outro universo! O da criança, o da relação afetiva. Acontece que a criança, na nossa sociedade, fica à margem do mundo da produção e por consequência da concepção.

Desse modo, é contraditória a maneira como a boneca atual reflete um sistema de produção ao qual ela deve muito.

É muita petulância pretender que a boneca seja espelho de complexas forças econômicas que tecem nossa forma de consumo. No entanto, à sua moda, ela é o produto de sua época, época de produção industrial racionalizada, ligada à nossa sociedade de consumo. Aquilo que aceitamos facilmente nas bonecas antigas, históricas, é preciso aceitar nas nossas. Vemos, do mesmo modo, como essas noções de espelho, de reflexo, são inadequadas para dar conta da relação que a boneca mantém com o sistema que a produz, mas temos outras noções para descrever essa relação complexa, quando a boneca mostra e, ao mesmo tempo, esconde sua origem.

2. Espelho da sociedade

Se, através desse jogo de esconde-esconde, o sistema de produção se reflete sobre a boneca, pode-se afirmar, de um modo geral, que a sociedade se reflete nas bonecas e no mundo delas?

Numa primeira abordagem, isso parece muito evidente. Ao olhar a Barbie e a Suzy, duas bonecas-manequins e, também, as bonecas-bebê e seu ambiente infantil, reconhecemos certos aspectos de nossa realidade cotidiana. Do mesmo modo, sociedades diferentes, sociedades passadas, podem ser conhecidas através das bonecas, de suas roupas, suas casinhas.

O que pode refletir a boneca senão o meio social? Trata-se de uma representação humana e acontece que um ser humano é sempre classificado numa determinada ordem social. Na impossibilidade de poder representar a essência humana, a boneca apresenta-nos seres situados no tempo, a tal ponto que esse reflexo do passado e do presente nos fascina. Incrivelmente, não vemos nada além dele, deixando-nos envolver, com prazer, pela representação miniaturizada do ambiente cotidiano ou já desaparecido.

Porém, o que está refletido: a sociedade? Com certeza não a entidade abstrata, mas objetos, não todos, alguns mais comuns que outros, tirados do real natural ou mais frequentemente do artificial, criado pelo homem, portanto social. Além do mais, não somos enganados por esse reflexo; através de diversas transformações ele se mostra como é, como objeto específico. Nem tudo é refletido e aquilo que é refletido não o é de qualquer jeito. Se conservarmos a metáfora do espelho, é preciso suprimir a ideia de uma superfície neutra, sem efeito, sem ação sobre a própria forma da representação. Espelho ativo, talvez espelho mágico.

Assim, pode-se pensar que a boneca é um espelho deformante, um espelho para destinatários certos, um espelho para a criança, espelho ao qual está ligado um reflexo que não é atribuído a nenhuma realidade precisa.

3. Um espelho deformante

Nem tudo se reflete no mundo da boneca; o espelho é seletivo, escolhendo certos objetos do ambiente infantil para fixá-los, como por exemplo a maternagem e os cuidados infantis, valorizando certos modos de vida e o ambiente de algumas classes sociais. O espelho não passeia por todos os caminhos da vida; ele não é o espelho do romancista do qual nos fala Stendhal; a boneca não é um romance, a criança não é um leitor.

Ao se verificar os detalhes, além da seleção, não se percebe todo um trabalho de reelaboração do real em função de certos critérios, em função de estereótipos. Pode-se dizer, para permanecer no mundo da Barbie ou da Cindy, que esse mundo é real; certamente existem nesses universos objetos parecidos àqueles que são refletidos, porém tais ambientes, em seu conjunto, mais do que à realidade, não levariam à imagem de uma realidade possível, apoiada no mito de uma felicidade material veiculada por múltiplos suportes (jornais, televisão, cinema etc.).

Proporei como hipótese que o mundo da boneca reflete mais uma imagem social da realidade do que a própria realidade social. Reflexo de um reflexo, o mundo da boneca parece tão mais interessante quanto mais for resultado de um trabalho de releitura da realidade, qualquer que seja o grau de consciência dos agentes que produzem o trabalho.

Acontece o mesmo com o mundo infantil sofisticado ou nostálgico que cerca algumas bonecas-manequins ou bonecas-bebê. Idealização de uma realidade, seja a da jovem independente e desembaraçada, seja a da maternidade, o reflexo é indireto. De preferência, trata-se mais de significar do que de representar a realidade. Às vezes, quanto mais esse real é simplificado, deformado, reformado, mais o imaginário é, também, uma fonte de inspiração. Espelho de um espelho, espelho seletivo, espelho deformante, o mundo da boneca torna-se particularmente complexo.

São, portanto, representações arbitrárias? Não se pode negligenciar aqueles a quem são destinadas as bonecas e seu ambiente, as crianças ou, mais especialmente, na maioria dos casos, as meninas e os meninos pequenos. É um reflexo para a criança, é um espelho que fixou imagens para ela. Significa uma realidade para a criança, leva em conta aquele para quem se destina.

A boneca, como outros brinquedos, pode ser considerada como um objeto mediador entre adultos, entre um mundo adulto e o mundo infantil; nele a criança é uma projeção abstrata construída por eles. Esse é o espelho de uma imagem destinada à criança: a deformação deve estar condicionada a seu destinatário.

A boneca torna-se espelho de um mundo para a criança, apoia-se naquilo que pode ser contemplado ou admirado por ela; tudo se torna, então, função das representações que o adulto faz da criança.

4. A boneca, espelho da infância

Finalmente, não é a própria infância que, para ser admirada, se contempla na boneca, isto é, a maneira pela qual uma sociedade considera a criança, suas experiências; seus desejos? De fato, o século passado e depois o nosso difundiram representações figuradas da criança e do bebê, de um modo realista ou pelo menos significativo e compreensível como tal. Passou-se do antropomorfismo indiferenciado para o paidomorfismo (o interesse centrado na infância); a boneca passa a significar a criança, seu ambiente e a própria infância, enquanto imagem manipulável, não do ser humano em geral, mas dele próprio enquanto criança.

Atualmente, o paidomorfismo estrito não pode controlar tudo que se faz, tudo que se vende sob o nome de boneca. Além das formas puramente infantis, trata-se de um mundo para e pela criança, que só existe em função das representações e desejos atribuídos à criança. É o traço da interpretação que os adultos fazem do imaginário e das aspirações das crianças.

Assim, o mundo da Barbie ou da "Xuxa" são duas maneiras de representar as aspirações de uma menininha e de materializar seus desejos. Que uma venha dos Estados Unidos e a outra do Brasil não nos surpreende.

Esse surpreendente espelho, que é a boneca, transforma a realidade para dispô-la em função de uma representação da criança, em função da maneira como se imagina que a criança represente para si o mundo.

Isso torna-se um reflexo em terceiro ou quarto grau, um jogo de espelhos. A boneca é, então, o espelho de uma infância ideal, idealizada, porém destinada à criança, e isso segundo diversos caminhos possíveis, quer se trate da representação direta da criança, das aspirações que lhe são atribuídas, do âmago de um mundo imaginário tranquilizador porque é puramente infantil ou considerado como tal (os personagens de Walt Disney).

Desse modo, a boneca reflete para nós, depois de muitas mediações e transformações, nossas próprias representações, diretas ou indiretas, da infância, esse "outro mundo", retomando a expressão da socióloga francesa M. J. Chombart de Lauwe. Portanto, não é surpreendente que desperte nos adultos, colecionadores ou não, nostalgia e apego. Ela expressa, efetivamente, uma imagem atraente, sedutora, da infância, como ideal que ultrapassa a criança real. A boneca, imagem feita para seduzir, exprime, melhor do que a própria criança, a infância.

Desse modo, a boneca é, antes de tudo, espelho da infância, sempre uma representação relacionada à infância;

e é através do que desejo chamar de miragem da infância eterna, que ela pode ser o reflexo da sociedade e de um sistema de produção. A miragem que é essa infância idealizada mistura os outros reflexos, transformando-os, modificando a imagem da sociedade em função da nossa imagem da criança, apagando os traços do sistema industrial para se adaptar à situação da criança.

A boneca-brinquedo está, portanto, longe de ser uma superfície que reflete. Não podemos considerá-la como um espelho puro. Os traços de um sistema de produção são, às vezes, difíceis de serem encontrados e é preciso que existam na boneca informações externas. Na verdade, vê-la exclusivamente como um espelho da sociedade é deixar-se levar por uma imagem concebida numa relação com nossa concepção da infância. A boneca representa diversos espelhos, a tal ponto que a metáfora se quebra em mil estilhaços.

Contudo, falta-nos refletir sobre o que é mais importante, ou seja, sobre o futuro da boneca nas mãos da criança. O que faz a criança com esses múltiplos reflexos que ela manipula através desse objeto material? Sempre se encontra nele? Será que não faz dele o espelho de suas brincadeiras, de suas pulsões, de suas fantasias, de suas angústias? Mas isso já é uma outra história que, sem dúvida, outros contarão; eu permanecerei no espelho, um pouco frio, que é essa boneca, independente de qualquer uso.

3

O papel do brinquedo na impregnação cultural da criança

Toda socialização pressupõe apropriação da cultura, de uma cultura compartilhada por toda a sociedade ou parte dela. A impregnação cultural, ou seja, o mecanismo pelo qual a criança dispõe de elementos dessa cultura, passa, entre outras coisas, pela confrontação com imagens, com representações, com formas diversas e variadas. Essas imagens traduzem a realidade que a cerca ou propõem universos imaginários. Cada cultura dispõe de um "banco de imagens" consideradas como expressivas dentro de um espaço cultural. É com essas imagens que a criança poderá se expressar, é com referência a elas que a criança poderá captar novas produções.

A criança, como o homem adulto, não se contenta em se relacionar com o mundo real, com os objetos; ela deve dominar os mediadores indispensáveis que são as representações, as imagens, os símbolos ou os significados. A cultura na qual ela está inserida, mais do que o real, é composta de tais representações.

A infância é, consequentemente, um momento de apropriação de imagens e de representações diversas que transitam por diferentes canais. As suas fontes são muitas. O brinquedo é, com suas especificidades, uma dessas fontes. Se ele traz para a criança um suporte de ação, de manipulação, de conduta lúdica, traz-lhe, também, formas e imagens, símbolos para serem manipulados.

Por isso, parece útil considerar o brinquedo não somente a partir de sua dimensão funcional, mas, também, a partir daquilo que podemos denominar sua *dimensão simbólica*.

Entretanto, não podemos subestimar a importância do aspecto funcional cujas consequências, no nível do desenvolvimento da criança, parecem importantes. Além do mais, é artificial separar essas duas dimensões profundamente imbricadas entre si. Função e símbolo estão, na maioria das vezes, completamente ligados e são indissociáveis no brinquedo. A representação desperta um comportamento e a função se traduz numa representação, como por exemplo: rodar e ter o aspecto de um veículo; pelúcia e função afetiva. Entretanto, a separação é indispensável para fins de análise. É preciso distinguir esse nível para perceber o que lhe é próprio antes de voltar à totalidade, original pela presença dessas duas dimensões que constituem o brinquedo.

Para analisar essa dimensão simbólica, devemos, mesmo que isso pareça arbitrário, decompor o brinquedo segundo determinados aspectos.

1. Aspecto material do brinquedo, preliminar à própria significação, à sua própria possibilidade, e que é seu suporte essencial. A originalidade do brinquedo provém dessa capacidade de ser um meio de expressão *com volume*. É um objeto dotado de significação, mas que continua sendo um objeto. Como consequência, a significação aparece através de uma expressão material. Trata-se do material, da forma e/ou do desenho, da cor, do aspecto tátil, do odor, do ruído ou dos sons emitidos.

Se o brinquedo tem um significado é, na verdade, porque ele é dotado de uma determinada forma. Esta pode, também, estar ligada à função do brinquedo tal como uma forma ligada às possibilidades de preensão da criança pequena, por exemplo, e não deixa de produzir uma imagem particular através de três dimensões nele disponíveis.

O próprio material já é significante: um objeto em madeira maciça não remete às mesmas imagens que um objeto de metal. Ele oferece à criança experiências variadas que aliam matéria e representação. Do mesmo modo, a cor torna-se um código (por exemplo, através do uso das cores pastel, ou da escolha de cores culturalmente associadas às meninas ou aos meninos) e por conseguinte, meio de significação.

2. A representação

O brinquedo pode ser uma reprodução da realidade, mas trata-se de uma realidade selecionada, isolada e, na maior parte das vezes, adaptada e modificada nem que seja pelo seu tamanho. Certos universos de objetos e de seres são desse modo privilegiados como o universo doméstico (em particular para os brinquedos destinados às meninas), o universo do automóvel, do transporte (para os meninos), certos aspectos do mundo natural (animais), certas épocas do passado etc...

Assim, à infância, são associadas, por tradição cultural, representações privilegiadas do masculino e do feminino. O universo do brinquedo feminino é, nesse aspecto, muito interessante por tratar-se daquele considerado como tal pela sociedade, pelas crianças, pelos pais, pelos comerciantes, independentemente das brincadeiras efetivas mais abertas à diversidade: privilegia o espaço familiar da casa, o universo "feminino" tradicional em detrimento do externo, do universo do trabalho.

A partir de uma modificação, o brinquedo deixa o realismo para entrar na esfera da produção de um universo imaginário específico. Os principais processos de modificação podem ser enunciados: a simplificação e, também, os acréscimos fantasiosos, em particular aqueles que tomam a forma do animismo para as coisas e do antropomorfismo para os animais.

O brinquedo parece afastado da reprodução do mundo real constantemente evocado por ele. É um universo espelhado que, longe de reproduzir, produz, por modificação, transformações imaginárias. A criança não se encontra diante de uma reprodução fiel do mundo real, mas sim de uma imagem cultural que lhe é particularmente destinada. Antes mesmo da manipulação lúdica, descobrimos objetos culturais e sociais portadores de significações. Portanto, manipular brinquedos remete, entre outras coisas, a manipular significações culturais originadas numa determinada sociedade.

Outros aspectos podem ser considerados, dependendo do *meio ambiente* da representação: ela é isolada ou pertence a um universo coerente de representações? Neste caso, como o romance, o brinquedo oferece um universo estruturado e completo no qual a criança pode mergulhar, pode se introduzir. Percebemos, assim, uma autonomia do mundo do brinquedo que produz sua própria lógica. É preciso, também, levar em conta o *impacto da dimensão funcional* sobre a representação: a função pode, efetivamente, ter incidências sobre a própria forma de representação.

Essa análise preliminar do objeto deve permitir colocar em evidência sua significação do ponto de vista do seu valor simbólico de modo análogo às análises que se podem realizar sobre as obras de arte. Cada brinquedo pode, desse modo, ser analisado do ponto de vista de sua significação.

Podemos propor o seguinte quadro para a *análise do brinquedo*:

1 — ASPECTO MATERIAL

1.1 — Material

1.2 — Forma/desenho

1.3 — Cor

1.4 — Aspecto tátil

1.5 — Aspecto odorífico

1.6 — Ruído e produção de sons

2 — SIGNIFICAÇÕES

2.1 — Representação de uma realidade

2.2 — Modificações induzidas nessa realidade

2.3 — Universo imaginário representado

2.4 — Representação isolada ou que pertence a um universo

2.5 — Impacto da dimensão funcional

Para ilustrar esse quadro, podemos submeter a ele dois brinquedos, semelhantes e diferentes ao mesmo tempo.

■ O tradicional soldadinho de chumbo

1.1 — chumbo pintado

1.2 — forma bastante parecida com um ser humano

1.3 — cores realistas e diversas

1.4 — frieza do metal

1.5 — vazio

1.6 — ruído de metal

2.1 — soldado de uma determinada época

2.2 — única modificação: o tamanho da reprodução

2.3 — universo realista

2.4 — lógica originada do real: o exército como universo

2.5 — vazio

■ O índio Playmobil

1.1 — matéria plástica

1.2 — esboço simplificado de um ser humano

1.3 — cores primárias, vivas e limitadas

1.4 — calor do plástico

1.5 — vazio

1.6 — vazio (menos barulhento do que o metal)

2.1 — índio como personagem cultural entre o real e o mito retomado do romance e do cinema

2.2 — além do mito e do tamanho reduzido, simplificação e esquematização do personagem: rosto redondo e sorridente, aspecto infantil

2.3 — o imaginário ligado ao tema dos índios (caricatura, expressão simbólica além dos modelos históricos)

2.4 — pertence a dois conjuntos de personagens: à série particular em torno do tema do índio e a todos os PLAYMOBIL compatíveis, intercambiáveis; é preciso destacar, também, o papel dos acessórios na constituição de um universo específico ao tamanho dos personagens

2.5 — a articulação e a facilidade de manipulação têm incidências na forma

Duas lógicas diferentes parecem ter sido usadas. No segundo caso, a reprodução do real dá lugar à lógica interna, ao mergulho no imaginário, na significação. Esse brinquedo significa, mais do que reproduz, um ser humano. Possui diversos níveis de significações, em particular o do ser criança, do espelho em relação a quem o utiliza. A criança é, aqui, conduzida a manipular uma imagem de si mesma, transposta para um mundo diferente ao qual pode dar vida e com o qual pode se identificar ao mesmo tempo.

O brinquedo aparece, então, como suporte de aprendizagem nesse nível enquanto fonte de confrontações com significações culturais que se enxertam na dimensão material do objeto.

Antes de ir mais adiante na análise podemos, através de dois novos exemplos, captar melhor esse problema da significação cultural, essencial ao brinquedo.

Tomemos o urso de pelúcia, colocando entre parênteses seu valor funcional de urso não só como suporte afetivo mas, igualmente, de explorações diversas, em particular táteis e odoríficas. Sem querer interromper para saber se sua origem é norte-americana ou alemã, trata-se de um objeto que aparece num certo momento e produz uma transmutação de sentido efetuada por adultos. De símbolo da selvageria animal, o urso vai se tornar o protetor bonachão da criança através de representações antropomórficas. A criança é confrontada com uma imagem cultural que não corresponde em nada à realidade natural do urso. Ela tem nas mãos (literalmente) uma representação social que vai manipular com todos os sentidos: odor, pelúcia, desenho do focinho, cores, peso, vão convergir para essa mesma significação que tomará sentido na vida da criança. Afeiçoar-se a um urso de pelúcia já é penetrar na complexidade das significações culturais. Outras produções destinadas às crianças (livros ou desenhos animados) poderão retomar a mesma temática, sem que o brinquedo deixe de fazer parte do conjunto de suportes pelos quais uma cultura é transmitida às crianças. Poderíamos citar outros exemplos para mostrar a importância da impregnação cultural, da construção de referências culturais através do brinquedo. Porém, só citarei a boneca e sua evolução de uma representação de adulto para a de um bebê no final do século passado e o recente relançamento da representação adulta sob uma forma nova e original. A boneca-bebê traduziu, do seu jeito, o interesse crescente da sociedade pela criança pequena e pela maternidade. O brinquedo simbolizava, aos olhos das crianças e, também, dos adultos, a imagem que valorizava a criança, nova construção cultural.

Na sua brincadeira, a criança não se contenta em desenvolver comportamentos, mas manipula as imagens, as significações simbólicas que constituem uma parte da impregnação cultural à qual está submetida. Como consequência, ela tem acesso a um repertório cultural próprio de uma parcela da civilização. Contudo, o brinquedo deve ser considerado na sua especificidade: a criança, na maior parte das vezes, não se contenta em contemplar ou registrar as imagens: ela as manipula na brincadeira e, ao fazê-lo, transforma-as e lhes dá novas significações. Quanto mais ativa for a apropriação, mais forte ela se torna. O valor lúdico reforça a eficácia simbólica do brinquedo. É isso que faz a especificidade do brinquedo em relação a outros suportes culturais: a relação ativa introduzida pela criança. A representação é, então, transformada, mal transformada às vezes, e consequentemente é personalizada. Alguns exemplos: muitas crianças brincam, na França e em outros países, com uma boneca que representa um adulto, chamada Barbie. Seu universo é o da beleza, da riqueza, do luxo. Embora algumas brincadeiras permaneçam fiéis a essa imagem (o baile, a maquiagem etc.) a apropriação das crianças leva a inseri-la em outros contextos ligados à sua vivência cotidiana: ela se torna faxineira, babá ou mãe de família. A temática original, sem desaparecer, dá lugar a outros interesses profundamente enraizados na vida cotidiana da criança. Um universo fantástico sofre a mesma sina: os guerreiros/mágicos sentam-se à mesa, dormem, dedicam-se às ocupações mais banais da vida cotidiana. A manipulação transforma ou anula as significações anteriores.

No entanto, essa impregnação está longe de ser um condicionamento. Trata-se sobretudo de uma confrontação da qual a criança conserva determinadas significações, eliminando outras para substituí-las por novas significações. A aprendizagem é ativa no sentido de que não se submete às imagens, mas aprende a manipulá-las, transformá-las, e até mesmo, praticamente, a negá-las.

Isso pode permitir nuançar as críticas feitas, atualmente, à evolução do brinquedo ocidental. Efetivamente, as pressões ligadas ao desenvolvimento dessa indústria e à importância adquirida pela publicidade nos países ocidentais conduzem a um crescimento da dimensão simbólica do brinquedo, fator de personalização e de variação dos modelos. As imagens, cada vez mais variadas, abundam numa sociedade que as vê, de um modo geral, multiplicarem-se.

Embora, inegavelmente, essas imagens impregnem a criança, estão longe de condicioná-la mais para uma direção do que para outra. Uma experiência realizada com bonequinhos fantásticos de um desenho animado da televisão, junto a cem classes de pré-escola na França mostra, ao contrário, que o desenvolvimento da manipulação leva à criação e a um distanciamento do tema oiginal. É claro que o primeiro contato parece conduzir a criança para o lado da moda, da norma, da regra, porém, o efeito a longo prazo parece ser diferente. Além disso, é preciso notar a contribuição da brincadeira que permite passar da passividade diante da imagem da televisão para a atividade lúdica. Consequentemente, embora a impregnação cultural passe pela brincadeira, não se deve entender isso como uma simples impregnação dos conteúdos simbólicos do brinquedo. Trata-se de um processo dinâmico de inserção cultural sendo, ao mesmo tempo, imersão em conteúdos preexistentes e apropriação ativa.

4

Brincadeira, brinquedos e televisão

Quer a lamentemos, quer nos resignemos ou a aceitemos com entusiasmo, a mídia desempenha nas sociedades ocidentais um papel considerável, tanto entre os adultos quanto entre as crianças. No que se refere a estas últimas, existe um debate acalorado interminável no qual não desejamos entrar. Só queremos tentar perceber as múltiplas consequências dessa situação, quanto à brincadeira e aos brinquedos da criança, independente de qualquer julgamento de valor. É fato que nossa cultura e, talvez, mais ainda a das crianças, absorveu a mídia e, de um modo privilegiado, a televisão. A televisão transformou a vida e a cultura da criança, as referências de que ela dispõe. Ela influenciou, particularmente, sua cultura lúdica.

Entendo, pela expressão acima, uma estrutura complexa e hierarquizada, constituída (essa lista está longe de ser exaustiva) de brincadeiras conhecidas e disponíveis, de costumes lúdicos, de brincadeiras individuais, tradicionais ou universais (se isso pode ter sentido) e geracionais (próprias a uma geração específica). Essa cultura inclui, ainda, um ambiente composto de objetos e, particularmente, de brinquedos, ao que o psicólogo francês Redde denomina "parque de brinquedo" e que deve ser considerado um conjunto organizado.[1]

Essa cultura lúdica não está fechada em torno de si mesma; ela integra elementos externos que influenciam a brincadeira: atitudes e capacidades, cultura e meio social. Os brinquedos se inserem nesse contexto. Para se tornar um verdadeiro objeto de brincadeira, tal objeto deve encontrar seu lugar, "cavar seu espaço" na cultura lúdica da criança. Por essa inserção o brinquedo é, então, objeto de uma apropriação.

É certo que, atualmente, nossa cultura lúdica está muito orientada para a manipulação de objetos; sem dúvida, isso é uma dimensão essencial. Como consequência, ela evolui, em parte, sob o impulso de novos brinquedos. Novas manipulações (inclusive jogos eletrônicos e de videogame), novas estruturas de brincadeiras, ou desenvolvimento de algumas em detrimento de outras, novas representações: o brinquedo contribui para o desenvolvimento da cultura lúdica. Porém, o brinquedo se insere na brincadeira através de uma apropriação, ou seja, deixa-se envolver pela cultura lúdica disponível, usando práticas de brincadeiras anteriores.

---

1. Reme, G. *L'enfant et les jouets*. Tese. Bordeaux II, 1984. 3 v.

Tal cultura lúdica não é só composta de estruturas de brincadeiras, de manipulações em potencial que podem ser atualizadas. Ela é também simbólica, suporte de representações. A brincadeira é, igualmente, imaginação, relatos, histórias. O próprio brinquedo serve de suporte para representações, para as histórias, sejam elas específicas ou retiradas de outros suportes (livros, filmes, desenhos animados).

É evidente que essa cultura lúdica que evolui com a criança é, em parte, determinada por suas capacidades psicológicas. Porém, elas só fazem permitir ou impossibilitar algumas ações ou representações. Trata-se, então, de condições necessárias, mas não suficientes.

A cultura lúdica dispõe de uma certa autonomia, de um ritmo próprio, mas só pode ser entendida em interdependência com a cultura global de uma sociedade específica. A cultura lúdica recebe estruturas da sociedade, conferindo-lhe um aspecto específico. É o que acontece com a diferença de gênero que provém da sociedade, mas adquire traços específicos na cultura lúdica. Na verdade, esta é diferenciada: diferença de sexos, de gerações, até mesmo de idade, de meio social, de nações e de regiões.

Essa cultura lúdica é também estratificada, compartimentada, e não acontece do mesmo modo em todos os lugares onde a brincadeira é possível: na escola ou na sua casa, a criança utiliza aspectos diferentes de sua cultura lúdica. Enfim, seguindo Winnicott, poder-se-ia pensar que essa cultura lúdica irá constituir uma bagagem cultural para a criança e se incorporar de modo dinâmico à cultura, à capacidade de criação do futuro adulto.

Essa cultura lúdica está imersa na cultura geral à qual a criança pertence. Ela retira elementos do repertório de imagens que representa a sociedade no seu conjunto; é preciso que se pense na importância da imitação na brincadeira. A cultura lúdica incorpora, também, elementos presentes na televisão, fornecedora generosa de imagens variadas. Seria inverossímil se a brincadeira da criança não se alimentasse da televisão e de seus efeitos. Vamos tentar analisar mais precisamente as variadas contribuições da televisão para as brincadeiras infantis, para a cultura lúdica atual.

1. A influência direta da televisão nas brincadeiras infantis

Pelas ficções, pelas diversas imagens que mostra, a televisão fornece às crianças conteúdo para suas brincadeiras. Elas se transformam, através das brincadeiras, em personagens vistos na televisão. Assim, a reprise do *Zorro* na televisão francesa levou as crianças a usarem, maciçamente, esse personagem como suporte de brincadeira. Contudo, não basta que as imagens sejam apresentadas na televisão, nem mesmo que elas agradem, para gerar brincadeiras; é preciso que elas possam ser integradas ao universo lúdico da criança, às estruturas que constituem a base dessa cultura lúdica mencionada anteriormente. É preciso que tais conteúdos possam ser integrados nas lógicas da brincadeira, que variam menos do que as representações. A luta, o confronto com o perigo, o socorro levado a alguém, a reprodução de certas cenas da vida cotidiana (refeição, cuidados com o bebê, compras) são as tais estruturas que podem ser revestidas de novos conteúdos.

Na realidade, a televisão influencia as brincadeiras na medida em que as crianças podem se apoderar dos temas propostos no quadro de estruturas das brincadeiras usuais. Nem tudo se presta à brincadeira! A brincadeira não aparece como uma imitação servil daquilo que é visto na televisão, mas sim como um conjunto de imagens que têm a vantagem de ser conhecidas por todas, ou quase todas as crianças, de ser combinadas, utilizadas, transformadas, no âmbito de uma estrutura lúdica. Isso ilustra bem a dupla dimensão da brincadeira: uma estrutura sobre a qual representações variadas vêm se inserir para animá-la, renová-la. Os efeitos de modismos, ou do entusiasmo passageiro, atingem mais facilmente esse segundo nível.

É claro que a televisão não se limita a propor novos conteúdos para as estruturas da brincadeira. Através da cobertura que dá ao esporte, por exemplo, ela promove, também, estruturas lúdicas que as crianças podem retomar, adaptando-as às condições específicas de um pátio de recreação ou da rua.

De qualquer modo, a televisão tornou-se uma fornecedora essencial, senão exclusiva, dos suportes de brincadeira, o que só pode reforçar sua presença junto à criança. Realmente, a criança não se limita a receber passivamente os conteúdos, mas reativa-os e se apropria deles através de suas brincadeiras, de maneira idêntica à apropriação dos papéis sociais e familiares nas brincadeiras de imitação. O grande valor da televisão para a infância é oferecer às crianças, que pertencem a ambientes diferentes, uma linguagem comum, referências únicas. Basta lembrar um herói de desenho animado para que as crianças entrem na brincadeira em pé de igualdade, ajustando seu comportamento ao dos outros a partir daquilo que conhecem do seriado lembrado. Numa sociedade que fragmenta os contextos culturais, a televisão oferece uma referência comum, um suporte de comunicação. Seu papel, aqui, não é similar ao que desempenha essa mesma televisão como suporte de conversas, como lugar-comum, para os adultos?

A pesquisadora francesa Lurçat (1984), por sua vez, acrescenta o papel da descarga emocional, o derivativo que constitui a brincadeira coletiva na qual as crianças retomam as cenas vistas na televisão: "O televisual vivido encontra, então, um derivativo, porque existe algo como uma descarga da impregnação televisual no derivativo que é a brincadeira [...]. A brincadeira coletiva [...] permite acabar com os efeitos do bombardeamento emocional a que são submetidas as crianças quando assistem, solitárias, a certos programas".[2]

---

2. Lurçat, L. *Le jeune enfant devant les apparences télévisuelles*. Paris, 1984.

Também é preciso lembrar o desenvolvimento recente do brinquedo que vem reforçar a importância da televisão na brincadeira. Na verdade, inúmeros fabricantes produzem, atualmente, brinquedos que representam os personagens dos desenhos animados. É claro que podemos ver aí só uma exploração ou uma oportunidade comercial. É frequente que seu efeito seja parecido àquele já lembrado, mas além de ser mais compatível com a brincadeira solitária, ele permite à criança passar de uma relação passiva com a televisão para uma relação ativa de manipulação e, eventualmente, de (re)criação. O brinquedo permite a um grupo de crianças entrar na brincadeira graças a essa referência comum, sem se colocar, no entanto, em situação de identificação corporal com um personagem. Realizamos uma experiência em classes de pré-escola na França, com a série dos *Senhores do Universo*. O investimento das crianças na brincadeira está diretamente ligado ao conhecimento que elas têm do personagem pela televisão, e isso parece permitir às professoras fazerem as representações da televisão entrarem na classe.[3] Ao permitir, como na brincadeira coletiva, uma descarga emocional, essa situação dá oportunidade à criança de estabelecer um distanciamento em relação aos personagens e às situações que ela pode dominar, representar, controlar, mais do que com elas se identificar.

Embora alguns autores tenham levantado a concorrência da televisão e da brincadeira em nível de tempo dispo-

---

3. Brougère, G. Jouer avec des figurines à l'école maternelle. In: *International Journal of Early Childhood*, v. 19, n. 1, 1987, p. 37-42.

nível da criança, esta soube integrar, perfeitamente, as imagens que recebe por esse instrumento em suas brincadeiras. A televisão não se opõe à brincadeira, mas alimenta-a, influencia-a, estrutura-a na medida em que a brincadeira não nasceu do nada, mas sim daquilo com o que a criança é confrontada. Reciprocamente, a brincadeira permite à criança apropriar-se de certos conteúdos da televisão.

2. A influência indireta: os brinquedos

Já indicamos o quanto o brinquedo influencia e estrutura a cultura lúdica da criança tanto no nível das condutas lúdicas quanto no dos conteúdos simbólicos. A brincadeira da criança está, em parte, ligada aos objetos lúdicos de que ela dispõe. Acontece que, atualmente, ao menos nos países que aceitam a publicidade de brinquedos pela televisão, os brinquedos mais vendidos são, na maior parte dos casos, aqueles que são objeto de uma campanha publicitária televisiva.

Por meio dos filmes publicitários, os quais sabemos que a criança gosta de olhar, ela descobre, ao mesmo tempo, suportes de brincadeiras e de situações lúdicas apresentadas como encenação do objeto promovido. A televisão tem influência sobre a imagem do brinquedo e sobre seu uso e, é claro, estimula o consumo de alguns deles.

Entretanto, para considerar devidamente o papel da televisão, é preciso abstrair-se dessa influência direta. Na verdade, a necessidade de promover um brinquedo pela televisão exerce pressões sobre o que seria o brinquedo: ele deve ser comunicável, ou seja, explicável e desejável através de breves imagens; deve ser único, ou seja, não comparável a um outro brinquedo, consequentemente em relação ao seu aspecto deve ser bem personalizado; deve estar associado a uma gama ou a um universo, de modo a rentabilizar a publicidade sobre uma pluralidade de objetos.

A evolução da publicidade televisiva, consequentemente, influenciou fortemente o brinquedo: ele está cada vez mais ligado a uma história (como os novos bichos de pelúcia que apareceram nos últimos anos), é personalizado, na maior parte das vezes através de um desenho animado, e está ligado a um determinado universo. Em suma, sua dimensão simbólica, seu conteúdo representativo cresceu tanto em importância que a televisão pôde, facilmente, colocá-lo em evidência. Estamos tratando da dupla brinquedo/televisão, inseparável. Através do brinquedo, como por meio da televisão, a criança vê sua brincadeira se rechear de novos conteúdos, de novas representações que ela vai manipular, transformar ou respeitar, apropriar-se do seu modo. Da mesma forma como para os conteúdos televisivos, os fenômenos do modismo e da mania regem a vida dos brinquedos.

Seja diretamente por intermédio das emissões dos programas ou indiretamente através dos brinquedos que se adaptaram à sua lógica, a televisão intervém muito profundamente na brincadeira da criança, na sua cultura lúdica. Parece-me indispensável verificar e analisar o fato.

Isso não significa que a cultura lúdica da criança esteja inteiramente submissa à influência da televisão. Por um lado, certas brincadeiras escapam totalmente da televisão e, sobretudo onde sua influência é evidente, ela não é única. Efetivamente, aparece uma osmose entre o conteúdo da televisão e as estruturas de brincadeiras bem anteriores a ela; esse é o caso das estruturas de combate e de oposição que muitas brincadeiras organizam, não tendo necessidade da televisão para se estruturarem. Esta só faz fornecer novos conteúdos para as estruturas, e até mesmo para estereótipos antigos.

A cultura lúdica está impregnada de tradições diversas: nela encontramos brincadeiras tradicionais no sentido estrito, porém talvez mais estruturas de brincadeiras reativadas, elementos, temas, conteúdos ligados à programação infantil ou à imitação dos colegas ou dos mais velhos. Novos conteúdos, em particular os originados pela televisão, primeira provedora do imaginário, vêm se inserir em estruturas anteriores disponíveis e dominadas pelas crianças. Em parte, as formas das brincadeiras mais contemporâneas reativam estruturas de brincadeira que pertencem a um núcleo constante da cultura lúdica, pelo menos há diversas gerações.

Não parece haver oposição entre as brincadeiras tradicionais e aquelas oferecidas pela televisão, pelo menos na cultura viva, constituída pelas brincadeiras das crianças. A brincadeira é, entre outras coisas, um meio de a criança viver a cultura que a cerca, tal como ela é verdadeiramente, e não como ela deveria ser.

Do ponto de vista da educação da criança pequena, a brincadeira ligada à televisão pode permitir uma abordagem distanciada, até mesmo crítica, de determinados conteúdos televisivos. Encontramos aqui a possibilidade de conceber uma educação da criança telespectadora através da brincadeira. Na verdade, a brincadeira permite a descarga das emoções acumuladas durante a recepção televisiva, a tomada de distanciamento com relação às situações e aos personagens, a invenção e a criação em torno das imagens recebidas.

5

Os brinquedos e a socialização da criança

O círculo humano e o ambiente formado pelos objetos contribuem para a socialização da criança e isso através de múltiplas interações, dentre as quais algumas tomam a forma de brincadeira, ou pelo menos de um comportamento reconhecido como tal pelo adultos. Esse comportamento pode ser identificado como brincadeira na medida em que não se origina de nenhuma obrigação senão daquela que é livremente consentida, não parecendo buscar nenhum resultado além do prazer que a atividade proporciona. A brincadeira aparece como a atividade que permite à criança a apropriação dos códigos culturais e seu papel na socialização foi, muitas vezes, destacado.[1] Entretanto, parece importante interessar-se, também, pelos suportes mais difundidos dessa atividade, ao menos nas sociedades oci-

---

1. Consultar, por exemplo, Cazeneuve, J. Le jeu dans la société. *Encyclopédia Universalis*, Paris, v. 9, 1968.

dentais contemporâneas, ou seja, os brinquedos. Em que eles contribuem para a socialização das crianças, em que permitem o acesso a certos códigos culturais e sociais, necessários para a formação de um indivíduo social?

Encaramos a socialização como o conjunto dos processos que permitem à criança se integrar ao "socius" que a cerca, assimilando seus códigos, o que lhe permite instaurar uma comunicação com os outros membros da sociedade, tanto no plano verbal quanto no não verbal. Acontece que pensamos que numa sociedade onde os objetos são, não só cada vez mais numerosos, mas também cada vez mais pregnantes, indispensáveis em numerosas situações de comunicação, mediadores onipresentes, eles também são vetores importantes no processo de socialização, muito particularmente através dos brinquedos, que são objetos específicos da infância.

Nós nos propomos, ao retomar os resultados de trabalhos anteriores, a sugerir algumas direções e hipóteses diante de uma reflexão sobre a importância dos brinquedos no processo de socialização das crianças de hoje em dia.

Os brinquedos

Os brinquedos podem ser definidos de duas maneiras: seja em relação à brincadeira, seja em relação a uma representação social. No primeiro caso, o brinquedo é aquilo que é utilizado como suporte numa brincadeira; pode ser um objeto manufaturado, um objeto fabricado por aquele que brinca, uma sucata, efêmera, que só tenha valor para o tempo da brincadeira, um objeto adaptado.[2] Tudo, nesse sentido, pode se tornar um brinquedo e o sentido de objeto lúdico só lhe é dado por aquele que brinca enquanto a brincadeira perdura. No segundo caso, o brinquedo é um objeto industrial ou artesanal, reconhecido como tal pelo consumidor em potencial, em função de traços intrínsecos (aspecto, função) e do lugar que lhe é destinado no sistema social de distribuição dos objetos. Quer seja ou não utilizado numa situação de brincadeira, ele conserva seu caráter de brinquedo, e pela mesma razão é destinado à criança. Iremos nos deter, unicamente, nesse segundo caso, na medida em que se trata da materialização de um projeto adulto destinado às crianças (portanto, vetor cultural e social) e que tais objetos são reconhecidos como propriedade da criança, oferecendo-lhe a possibilidade de usá-los conforme a sua vontade, no âmbito um controle adulto limitado.

Esse brinquedo pode ser considerado como uma "mídia" que transmite à criança certos conteúdos simbólicos, imagens e representações produzidas pela sociedade que a cerca.[3] Antes de questionar as interações que se instauram entre a criança e o brinquedo, é preciso especificar o que

---

2. Sobre essas distinções reportar-se ao nosso artigo: Brougère, G. Le jouet aujourd'hui: un objet industriei parmi d'autres. In: *La Marge*, Paris, maio 1984.

3. Fizemos uma análise do brinquedo como mídia em: Brougère, G. Le jouet comme média culturel. Comunicação no 3° Congresso Internacional das Ludotecas, Bruxelas, 21-25 de maio de 1984, para publicação nos *Anais* do congresso.

é fornecido para junto, bem próximo da criança, com o brinquedo.

Trata-se, antes de mais nada, de um objeto que introduz junto à criança a objetalidade própria a nossa sociedade, através de uma presença maciça e de uma importante valorização. Existem sociedades onde a presença do objeto é reduzida.[4] Para nós, o contato com a sociedade se confunde, em parte, com o contato com objetos, de diversos mediadores. Com o brinquedo, a criança constrói suas relações com o objeto, relações de posse, de utilização, de abandono, de perda, de desestruturação, que constituem, na mesma proporção, os esquemas que ela reproduzirá com outros objetos na sua vida futura. Cercar as crianças de objetos, tanto no quadro familiar quanto no quadro das coletividades infantis (creches e pré-escolas), é inscrever o objeto, de um modo essencial, no processo de socialização e é, também, dirigir, em grande parte, a socialização para uma relação com o objeto.

Esse caráter de objeto é reforçado por outras características que tornam o brinquedo algo específico junto à criança. Trata-se realmente de um objeto com forte con-

---

4. Sobre o papel dos objetos no processo de socialização para uma sociedade diferente, consultar Rabain, J. *L'enfant du lignage*. Paris: Payot, 1979, em particular o Capitulo IV, "Univers d'objets et rélations médiatisées par les objets". Aí responde-se à seguinte pergunta, que ressalta a distância da configuração ocidental que analisamos: "De que os objetos podem ser o suporte, onde não têm muito a função de preencher os vazios do contato entre mãe e filho, onde as trocas sociais codificadas por meio do contato físico e da palavra constituem o processo maior de socialização?" (op. cit. p. 121).

teúdo simbólico.[5] Seria redundante retomar todas as análises feitas sobre esse conteúdo simbólico. É importante ressaltar algumas premissas essenciais: afirma-se com mais frequência que o brinquedo encerra uma representação da criança, na medida em que se trata de um objeto escolhido por adultos e destinado a uma criança pequena. As cores e as formas constroem, em torno da criança, um universo no qual predominam o animismo, o antropomorfismo, a magia, a alegria, a imagem risonha e nostálgica da infância. Para as crianças mais velhas, o brinquedo propõe uma imagem da sociedade, ou papéis sociais, às vezes parcialmente realistas, mas que se apoiam numa imagem que exalta o futuro. Enfim, os conteúdos imaginários, quer sejam originais ou retomados do livro ou do cinema, estão cada vez mais frequentes no mundo do brinquedo. Esse conteúdo simbólico não é um fator de socialização de modo direto, como é frequentemente apontado quando propõe um modelo reduzido da sociedade, mas sim quando propõe, exatamente, referências simbólicas que resultam de um trabalho de elaboração e de transformação em relação à realidade em si. Através do brinquedo, a criança entra em contato com um discurso cultural sobre a sociedade, realizado para ela, como é feito, ou foi feito, nos contos, nos livros, nos desenhos animados. São produções que propõem um olhar sobre o mundo, olhar que leva em conta o destinatário especial, que é a criança. Nesse aspecto, a especi-

---

5. Exploramos, numa tese de 3ème cycle, uma parte da dimensão simbólica do brinquedo: Brougère, G. *Le jouet ou la production de l'enfance*, a imagem cultural da criança através do brinquedo industrial, Université Paris 7, 1981.

ficidade do brinquedo está no fato de ter volume, de propor situações originais de apropriação e sobretudo em convidar à manipulação lúdica.

É importante notar que numerosos conteúdos simbólicos, numerosos discursos passam atualmente pelo objeto, em detrimento de relações mais diretas. A criança se encontra diante de conteúdos complexos e estruturados que ela é convidada a decifrar. Ao fazer isso, são os códigos sociais que ela assimila, dispondo de imagens sociais e de pontos de referência que ela poderá acionar em outros campos.

A originalidade do brinquedo está no fato de que não podemos nos deter nos dois níveis que acabamos de evocar. Além do objeto, de seu conteúdo simbólico, descobrimos o estimulante para a ação, a dimensão funcional. Ao propor ações, sejam elas sensório-motoras, simbólicas ou sustentadas pela presença de um sistema de regras, o brinquedo estimula condutas mais ou menos abertas, estrutura comportamentos e aparece, portanto, como exercendo, nesse nível, uma função de socialização que permite a inscrição de comportamentos socialmente significativos na própria ação da criança. Existe, então, a possibilidade de transmissão de esquemas sociais por intermédio do objeto.

A imitação lúdica do real, longe de ser somente um decalque desse real, passa, também, pelo estimulante, que é o brinquedo. Por exemplo, as brincadeiras de maternagem diversificam-se conforme os acessórios propostos. O próprio aspecto do objeto pode orientar a estimulação para uma determinada direção.

A diversidade das dimensões sustentadas pelo brinquedo torna-o um objeto rico em potencialidades enquanto fator de socialização. Porém, a especificidade está no fato de que ele estimula uma reação. Parece necessário detalharmos a análise de como o brinquedo é recebido.

Contatos múltiplos e diversificados com o brinquedo

Embora o brinquedo evoque a brincadeira, a interação lúdica não é o único modo de relação possível com esse objeto. Ele é portador de uma multiplicidade de relações em potencial.

O primeiro nível é aquele do objeto possuído, no sentido em que ele pertence à criança de um modo mais claro, menos ambíguo, do que os outros objetos que a cercam. A criança passa, assim, pela experiência da posse e das negociações necessárias com os outros, diante do desejo de utilização. Um indivíduo social é aquele que se situa nas relações que mantém com os objetos e que é, igualmente, situado pelos outros segundo suas relações com os objetos.

Antes de ser possuído, o brinquedo foi escolhido, comprado, oferecido. Através do brinquedo, a criança se situa no universo do consumo, respondendo às solicitações que lhe são destinadas, construindo uma estratégia diante da autonomia, limitada que dispõe em nível financeiro. Inúmeros estudos mostram que, desde muito cedo, o brinquedo é escolhido pela criança e os pais dão continuidade, cada vez mais, à escolha de seus filhos.[6] Isso supõe negociação e construção de relações em torno do objeto desejado. O brinquedo é, também, por excelência, o objeto que se recebe de presente, suporte da relação de "doação" que pode originar uma "contradoação", prazer e grande alegria manifestados pela criança.

O brinquedo pode, também, ser objeto de investimento afetivo, de exploração e de descoberta, sem se inserir num comportamento lúdico. É a experiência das múltiplas relações sociais que são possíveis de construir com o objeto.

Em todas as dimensões evocadas, o conteúdo simbólico do objeto é essencial para dar sentido à relação que se estabelece. Portanto, ela é, ao mesmo tempo, relação com um objeto e relação com as imagens dos discursos (produzidos pelos adultos ou pelas crianças) que individualizam e redobram as significações. Portanto, é legítimo estudar também as dimensões de socialização do brinquedo, independentemente das interações lúdicas.

A interação lúdica

A interação lúdica associa às significações preexistentes e aos estímulos inscritos no brinquedo uma produção

---

6. G. Reme, num importante trabalho sobre o assunto, colocou em evidência estes resultados, entre tantos outros: *L'enfant et les jouets*. Tese. Université de Bordeaux II, 1984.

de sentido e de ação que emana da criança. É o momento em que a criança se apropria dos conteúdos disponíveis, tornando-os seus, através de uma construção específica, quer ela seja ou não original. O que fazem as crianças das imagens e dos estímulos que lhe são fornecidos? Vamos tentar responder a essa questão através de diversos exemplos de interações lúdicas com os brinquedos, apoiando-nos num exemplo privilegiado, na medida em que o estudamos e enquanto ainda é objeto de uma experiência e análise na pré-escola.[7]

O imaginário no brinquedo: o exemplo dos bonecos fantásticos

Entre outras coisas, esse estudo foi feito sobre a utilização, por crianças de 4 a 8 anos, dos bonecos fantásticos ("Os Senhores do Universo", da fábrica de brinquedos Mattel) identificados com um seriado da televisão que tem o mesmo nome.

Esse conjunto de brinquedos é composto de bonequinhos de 14 cm de altura, representando guerreiros, muitas vezes monstruosos, que saíram da fantasia heroica, de acessórios (veículos e castelos) que se harmonizam com esse universo. Esse brinquedo caracteriza-se pela noção de

---

7. Os resultados dessa experiência foram comunicados no congresso da AGIEM — Association Générale des Institutions de l'École Maternelle. Bordeaux, junho de 1986.

universo e a referência a um mundo e a uma história são evocados pelos folhetos explicativos que os acompanham e pelo seriado da televisão.

A interação lúdica, tal como as crianças a constroem, varia segundo as idades e as situações. Pode-se considerar que numa situação coletiva com crianças de mais de cinco anos, a história, como é conhecida pela televisão, funciona como uma regra que dá os traços característicos e os nomes dos personagens, e a estrutura das situações compatíveis com o universo em questão. Sobre essa base, as situações lúdicas criadas são independentes do detalhe dos episódios da série e podem, se houver um acordo entre aqueles que brincam, tomar um distanciamento considerável em relação às fontes. Numa situação individual, a liberdade, que muitas vezes é enraizada na mistura de brinquedos que pertencem a universos diferentes, é ainda maior, transpondo os bonecos para universos diferentes. Parece que a estrutura narrativa preexistente à atividade lúdica da criança fornece o estímulo para a brincadeira (o desejo de brincar que, às vezes, passa pelo desejo de possuir), proporcionando uma estrutura inicial para organizar a brincadeira como um conjunto de regras (lógica do universo: ações e situações compatíveis com a estrutura e os temas da história, características iniciais dos personagens). Sobre essa base, a brincadeira infantil produz deslocamentos, transformações por transposições, ou invenções. Adaptando-se o conceito de J. Piaget, encontramo-nos diante de um processo de apropriação cultural, de assimilação. A criança interioriza as formas imaginárias, o próprio processo da produção imaginária, apoiando suas próprias invenções em esquemas preexistentes que são os mesmos encontrados na literatura tradicional dos contos e lendas.

Por meio de tal brincadeira a criança manipula e se apropria dos códigos sociais da transposição imaginária, manipula valores (o bem e o mal), brinca com o medo e o monstruoso, em suma, preenche as pulsões e os comportamentos individuais (comportamentos motores, fantasias) com conteúdos sociais, socializados e socializadores, através da comunicação que estes desenvolvem entre as crianças. Poder-se-ia dizer que o brinquedo recicla, numa forma social, as tendências motrizes e psíquicas individuais. Isso foi mostrado de modo particularmente claro nas conversas que foram mantidas sobre o medo: um medo informe, indeterminado, do qual é impossível falar, adquire, através dos brinquedos, formas precisas que permitem discurso e apropriação.

Assim, a manipulação de brinquedos permite, ao mesmo tempo, manipular os códigos culturais e sociais e projetar ou exprimir, por meio do comportamento e dos discursos que o acompanham, uma relação individual com esse código. Esse segundo aspecto é bem ilustrado pelas diferenças de comportamento das meninas e dos meninos. Ao contrário do que poderiam supor diversos lugares-comuns, as meninas conseguem participar perfeitamente das brincadeiras com tais bonecos fantásticos, podem gostar de possuí-los e de brincar com eles. Porém, a brincadeira delas é diferente em diversos aspectos. De um lado lhes é mais difícil penetrar nesse universo onde um simples boneco representa uma mulher; elas parecem ter necessidade de uma transição antes de chegar às figuras monstruosas das quais se apropriam posteriormente: as meninas encontram essa transição por meio de bonecos menos monstruosos, menos "selvagens", mais parecidos com as formas reais ou infantis. Por outro lado, as brincadeiras delas manifestam-se mais estruturadas, menos limitadas a uma sucessão não ligada a cenas de combate, às quais podem chegar em numerosas situações criadas pelos meninos.

As diferenças de gênero podem se exprimir e ser ultrapassadas, ao mesmo tempo, na relação com um brinquedo. Existe não só uma apropriação diferenciada mas, também, uma possibilidade aberta para partilhar os mesmos conteúdos lúdicos.

O brinquedo pode, desse modo, ser considerado como condicionante, na medida em que estrutura, ao mesmo tempo, as representações imaginárias e os comportamentos lúdicos possíveis. Porém, ele abre uma brecha para a interiorização personalizada de tais conteúdos e comportamentos. Ele faz da socialização um espaço de invenção possível com base nos códigos prévios. A brincadeira distancia-se das determinações inscritas no objeto.

Uma outra característica desse universo de brincadeira e de representação é de não remeter a nenhuma referência presente na infância da geração dos pais. Aqui aparece um corte que autoriza a criança a se considerar detentora de representações ignoradas ou pouco conhecidas pelos adultos. Os adultos rejeitam de modo maciço essas representações, aceitando, porém, a brincadeira de seus filhos, reconhecendo, muitas vezes, o valor dessa brincadeira. Como em alguns aspectos da socialização dos adolescentes (música), a apropriação da cultura é acompanhada pela representação paradoxal de um corte. Desse modo, a integração sociocultural, numa sociedade onde a exigência de invenção, de ruptura, de novidade, parece essencial, passa por um desvio, por uma ruptura. O processo de socialização está longe de ser linear.

Desvio por um universo específico à criança e papel importante de conteúdos imaginários parecem ser duas marcas importantes do brinquedo enquanto suporte de socialização.

Generalização a partir do exemplo examinado

A criança se situa na sua prática lúdica diante de imagens constituídas, daquelas que emanam dos brinquedos e daquelas que provêm do seu círculo. As formas que o brinquedo adquire conduzem a uma coincidência reduzida entre essas imagens. Assim, para citar outro exemplo, a boneca-manequim apresenta à criança um universo de sonho, que ela sabe bem que é irreal, mesmo que represente suas aspirações. É o universo do desejável, mas as manipulações lúdicas vão, em muitas crianças, da expressão desse sonho para a da realidade cotidiana. Existe aí de novo uma polivalência, reinterpretação do brinquedo, cujo elemento socializador não pode ser tomado estritamente na representação. O que importa é o conjunto das modificações às quais o brinquedo é submetido. Nem a boneca-manequim, nem o boneco fantástico parecem fechar a criança numa representação. É claro que eles fornecem conteúdos concretos para a representação do desejável (de um lado, a força, a aventura, e de outro, a riqueza e a beleza). A reinterpretação e o investimento que se realizam no objeto, suporte momentâneo e complexo do processo de socialização, constituem seu fator essencial.

O interessante do brinquedo é que ele testemunha a importância da interação, do que se passa entre o objeto e o ator. A socialização não pode ser entendida como condicionada pelo objeto, mas sim como um processo de apropriação e de reconstrução a partir do contato com o brinquedo. A dimensão simbólica do brinquedo não desaparece, mas só tem eficácia na apropriação, na interpretação que a criança faz dele. Uma clara diferença aparece em relação ao consumo passivo da imagem (desenhos animados, televisão).

Falta destacar que os brinquedos apontados vêm dos Estados Unidos, uma outra cultura, embora próxima. Acontece que é surpreendente a dimensão de alteridade cultural, nesse caso, não essencial. O brinquedo é utilizado e interpretado no interior da cultura de referência da criança e nunca como um objeto estrangeiro. Existe uma apropriação e incorporação cultural que faz com que não se possa mais considerar um determinado brinquedo como confrontação com uma outra cultura. Do mesmo modo, pode-se dizer que a música anglo-americana foi completamente apropriada, faz parte da cultura de certas gerações e só pode testemunhar uma abertura a uma alteridade cultural. A brincadeira assimila e destrói qualquer distância de cultura. Só um olhar de fora pode encontrar nessas representações o testemunho de uma cultura diferente em alguns aspectos.

A brincadeira aparece como fator de assimilação de elementos culturais, cuja heterogeneidade desaparece em proveito de uma homogeneidade construída pela criança no ato lúdico.

Isso não significa que o objeto desapareça, longe disso; ele permanece presente, incontornável, suporte de significações, às vezes muito fortes. Porém, sua contribuição para a socialização da criança só pode ser percebida através da dinâmica da relação, que é um trabalho de doação de novas significações.

Nem condicionante, nem suporte neutro (simples pretexto), o brinquedo parece ser, atualmente, um pivô essencial para uma construção de sentido que questiona, sem parar, as contribuições anteriores. Distância, limitação no tempo, abandono, estas são, também, as marcas da relação com o brinquedo. São o apoio necessário para uma progressão na construção de uma relação com o meio social e cultural.

6

Brincadeiras e brinquedos de guerra

Nossa análise abordará, principalmente, a dimensão cultural da brincadeira e do brinquedo, deixando para os outros o cuidado de destacar a dimensão psicológica que, muitas vezes, leva a sobrepor representação de violência e agressividade. Não é certo que haja entre elas necessariamente uma relação. Segundo o estudo de Gisela Wegener-Spöhring,[1] a utilização e a posse de brinquedos de guerra não parecem ter nenhuma incidência sobre a maneira de perceber a guerra e sobre a expressão da agressividade. A autora observa, também, que a maior parte de seus alunos militantes da paz brincaram, quando crianças, com brinquedos de guerra. Portanto, é importante analisar a própria brincadeira de guerra, na lógica peculiar, sem as conseqüências que lhe são atribuídas e sobre as quais só possuímos poucos elementos, muitas vezes contraditórios.

---

1. Wegener-Spöhring, Gisela. War, toys and aggressive game. *Play & Culture*, v. 2, n. 1, p. 35-47, fev. 1989.

Através das brincadeiras de guerra, a criança se confronta com uma parte da cultura humana

A brincadeira é, antes de tudo, uma confrontação com a cultura. Na brincadeira, a criança se relaciona com conteúdos culturais que ela reproduz e transforma, dos quais ela se apropria e lhes dá uma significação. A brincadeira é a entrada na cultura, numa cultura particular, tal como ela existe num dado momento, mas com todo seu peso histórico. A criança se apodera do universo que a rodeia para harmonizá-lo com sua própria dinâmica. Isso se faz num quadro específico, por meio de uma atividade conduzida pela iniciativa da criança, quer dizer, uma atividade que ela domina, e reproduz em função do interesse e do prazer que extrai dela. A apropriação do mundo exterior passa por transformações, por modificações, por adaptações, para se transformar numa brincadeira: é a liberdade de iniciativa e de desdobramento daquele que brinca, sem a qual não existe a verdadeira brincadeira.

Voltemos à brincadeira de guerra e tentemos compreender seu sentido: inegavelmente a criança se confronta com uma parte da cultura humana. Pode parecer chocante dizer que a guerra e a violência são componentes da nossa cultura. Contudo, não são necessários estudos históricos aprofundados para compreender a contribuição da guerra e da violência para nossa cultura, tal como ela existe. Basta limitar-se à atualidade para perceber, também, a parcela de violência das culturas contemporâneas. É verdade que a criança vive num mundo cheio de atos violentos. Ele existe, independentemente do que se deseja para o futuro. A brincadeira da criança, ao buscar recursos no ambiente que a cerca, só pode se abastecer com esse rico vocabulário da violência. Sendo uma confrontação com a cultura, a brincadeira é, também, confrontação com a violência do mundo, é um encontro com essa violência em nível simbólico. A criança deve dar sentido não só a isso, como ao resto. De que modo a violência poderia escapar dessa apropriação desde que compreendemos sua importância cultural? A criança tem de conviver com isso. Talvez a brincadeira seja o único meio de suportá-la, assim como as crianças que brincam de guerra entre dois bombardeios, e que pudemos observar no Tchad (cidade da África).

Contudo, qualquer que seja a importância desse argumento, ele não nos permite compreender porque a brincadeira de guerra tem, sem dúvida, um papel de maior importância do que outros tipos de brincadeira, que remetem a outros fatos culturais.

Efetivamente, a brincadeira aparece como um meio de escapar da vida limitada da criança, de se projetar num universo alternativo excitante, onde a iniciativa é possível, onde a ação escapa das obrigações do cotidiano. É o universo alternativo que projeta a criança num mundo adulto, mas num mundo adulto mais apaixonante do que aquele que a cerca. Este pode ser o universo da aventura, da exploração. Ora, a guerra é uma das principais fontes da exploração, da aventura, da ruptura com o cotidiano. O imaginário da guerra, que anima nossa cultura desde os textos bíblicos até as façanhas dos heróis da Resistência, vem incrementar os temas das brincadeiras, dando um conteúdo preciso a essa necessidade de escapar das contigências do presente.

A guerra é uma das fontes principais de ruptura com o cotidiano

Entretanto, isso não é suficiente para explicar o interesse pelas brincadeiras de guerra. É preciso, também, evocar a necessidade que a criança parece ter de encontrar derivativos para a expressão de uma agressividade que ela pode ter dificuldade para controlar. A brincadeira de guerra permite-lhe exprimir essa agressividade de modo legítimo e, sobretudo, aceitável pelo seu meio. Mas, é necessário limitar esse argumento para os casos exclusivos que daí derivam. Nem toda brincadeira de guerra pressupõe uma agressividade: nem toda brincadeira agressiva é uma brincadeira de guerra. A guerra é o tema do jogo. A criança pode manipular imagens de violência sem demonstrar a menor agressividade para com seu meio, para com seus companheiros de brincadeira. Uma brincadeira pode ser agressiva (segundo uma observação feita, na utilização de carrinhos) sem usar uma temática de guerra. Se a brincadeira de guerra pode ser um derivativo da agressividade, está longe de explicar, por si mesma, a importância da temática da guerra.

Enfim, preciso abordar um último elemento explicativo: uma relação estrutural entre guerra e jogo coletivo. Sem nos preocuparmos em saber se existe uma origem comum, se *polemos* precede a brincadeira, é preciso reconhecer que guerra e brincadeira estão baseadas no mesmo princípio de oposição de dois campos, na existência de um vencedor no fim do combate. Pode-se destacar a existência de outros tipos de brincadeira, mas no fim concluímos que a cultura lúdica está profundamente marcada por essa estrutura, nos jogos sociais, nos jogos físicos e até mesmo nos jogos informais. Não é surpreendente que o tema da guerra apareça muito bem adaptado a essa estrutura. Ele penetra, sem problema, nas estruturas do jogo. Daí deriva uma aparência de espontaneidade da brincadeira de guerra que, como toda brincadeira, é uma construção cultural.

A brincadeira de guerra não é um acidente cultural e está de acordo com a situação em que se encontra a criança, diante da violência do mundo, face à cultura que exalta certas formas de violência (a "boa" violência), diante da estrutura e do papel da brincadeira.

A brincadeira de guerra permite passar simbolicamente pela experiência da violência e de sua identidade sexual

A guerra aparece como um tema essencial na brincadeira, o que não quer dizer que ela seja violenta. A passagem para a ação é, justamente, a destruição da brincadeira.

Ela é, antes de tudo, uma experiência com riscos controlados e limitados. É passar, simbolicamente, pela experiência da violência sem sofrer suas consequências. Eis aí todo o interesse da experiência da brincadeira. Onde há violência real (e não simples agressividade) não existe mais brincadeira. As crianças sabem distinguir, perfeitamente, a verdadeira briga da brincadeira. Mas não foi dito que o espectador possa, também, diferenciá-la facilmente. A brincadeira manipula imagens da violência, mas como dizia, por experiência, um soldado libanês de quinze anos numa reportagem da televisão, a guerra não é uma brincadeira. Portanto, existe uma diferença essencial que não se deve subestimar, porque ela valoriza a atividade lúdica que se desenvolve na esfera do faz de conta que, como tal, é dominada pela criança.

Outro elemento importante nesse universo lúdico é a divisão desigual do tema de guerra entre as brincadeiras de meninos e as brincadeiras de meninas: é claro que as meninas brincam de guerra e existem roteiros que preveem papéis femininos. Porém, a brincadeira de guerra é, predominantemente, masculina. Encontramos, de novo, a imagem cultural que consagra o homem à guerra. A brincadeira aparece como o lugar de experimentação da identidade sexual e tende, algumas vezes, a reforçar as diferenças, mesmo quando elas são parcialmente suavizadas na sociedade (o que, de qualquer modo, está longe de ser o caso da guerra). Essa confrontação com a cultura que evocamos está, portanto, fortemente marcada pelos papéis sexuais.

Isto posto, podemos agora questionar os brinquedos de guerra, os instrumentos de brincadeiras comercializados em função dessas brincadeiras específicas.

Vivemos numa sociedade onde o objeto adquiriu um lugar muito importante. O brinquedo torna-se, em alguns casos, o iniciador da brincadeira, na falta de um ambiente fornecedor de instrumentos de brincadeiras, ou, também, de parceiros e, finalmente, porque a criança, como o adulto, se insere numa sociedade de consumo, onde é difícil saber porque o mundo da brincadeira deveria escapar dela.

Nossas crianças nos remetem uma imagem ridícula de nós mesmos, de nossos conflitos

À brincadeira de guerra, só pode corresponder um brinquedo que tenha relação com o tema: o acessório permite dar maior credibilidade, mais realismo à brincadeira; ele a estrutura, permite-lhe desenvolver-se com maior amplidão; ele enriquece os papéis, diversifica-os, traz-lhes modalidades complementares. Parece que a ideia, segundo a qual a pobreza de material é vetor de riquezas imaginárias da brincadeira, é um mito. A brincadeira infantil em seu conteúdo imaginário e narrativo parece se enriquecer grandemente com suportes variados e coerentes colocados à sua disposição. É preciso distinguir dois níveis de acessórios. De um lado, trata-se de brincadeira de papéis: a criança, com a ajuda de seu corpo, desempenha um papel.

O brinquedo é um prolongamento do corpo, prolongamento este que é fácil de se fazer: dois dedos são suficientes para imitar um revólver. Mas, existem também as brincadeiras[2] nas quais a criança anima os personagens, os bonequinhos e seu universo em miniatura, sem desempenhar, ela mesma, um papel, ainda que ela se projete em alguns personagens. Para esse tipo de brincadeira, o brinquedo, o acessório lúdico, é indispensável, incontornável. Essas situações pressupõem, por parte da criança, um distanciamento da situação encenada, a possibilidade de representar diversos papéis, de evitar um envolvimento na brincadeira e de passar, assim, da violência representada para a violência real. É, portanto, nesse campo, onde a sofisticação dos brinquedos é mais importante. Os brinquedos estão mais do lado da imagem do que do instrumento de agressividade para com o outro. Porém, de uma maneira recíproca, qualquer objeto pode se tornar, para quem o quiser, um instrumento de agressão, e o brinquedo não escapa disso. O brinquedo de guerra não parece ser, mais do que qualquer outro, um brinquedo de guerra, talvez até menos, na medida em que pode manter a agressão em nível simbólico.

Entretanto, o brinquedo é mais do que um instrumento de brincadeira. Ele traz para a criança, não só um meio

---

2. O autor utiliza-se do termo "jeu de rôle" e refere-se, nesse caso, ao jogo simbólico da criança pequena, que utiliza o próprio corpo para brincar. No segundo caso utiliza "jeu de mise-en-scène" referindo-se à brincadeira em que a criança "dirige" uma cena com bonequinhos. Não dispomos de equivalente perfeito em língua portuguesa. (N. da R.)

de brincar, mas também imagens, representações, universos imaginários. Ele estrutura o conteúdo da brincadeira sem, no entanto, limitar a criança, muitas vezes induzida a tomar grandes liberdades com os suportes de que dispõe, tanto por razões objetivas (falta de material, necessidade de colocar juntos brinquedos heterogêneos) quanto subjetivas (vontade de criar uma história original, ou mistura de recursos muito diversos). O material dá o toque, o ponto de partida, a tonalidade do cenário lúdico. Na sua forma e no seu conteúdo, o material obedece a efeitos da moda, de referências a outros universos de lazer (por exemplo, de filmes). Os últimos anos viram alternar representações realistas, fantásticas ou retiradas da ficção científica, mais futurista. As estruturas de base (oposição muito ou pouco marcada entre bons e maus, suporte e razão do enfrentamento) continuam as mesmas, os conteúdos temáticos, mais ou menos felizes, variam sem que se possam detectar modificações profundas nas brincadeiras que suscitam. As crianças exprimem, com esses materiais, as mesmas estruturas lúdicas, diversamente enriquecidas de referências desenvolvidas para esses novos universos. Nos últimos anos, os temas foram atualizados, ressaltando representações mais realistas (na verdade, uma mistura complexa de realismo e de ficção científica) do mundo da guerra, reforçadas pela qualidade de representações até então reservadas aos colecionadores de soldados e armas, quase sempre adultos e adolescentes. Contudo, é preciso agrupar esses brinquedos na sua história, no seu contexto e na sua função para interpretá-los com maior ponderação.

Isso deveria permitir que se compreendesse como as brincadeiras e os brinquedos de guerra, longe de serem artefatos arbitrários, saíram de nossa cultura e de seus mecanismos. Não entendemos como brincadeira e brinquedo teriam podido evitar a guerra a não ser que fossem proibidos.

Existem muitas projeções dos adultos na rejeição às brincadeiras e aos brinquedos de guerra

Gostaria de esboçar, em traços gerais, a relatividade do ponto de vista que consiste em considerar que o brinquedo de guerra é ruim para a criança. Recordo-me de um pesquisador polonês que, ao se apresentar como um militante da paz, evocava os soldadinhos e outros brinquedos de guerra como indispensáveis para a formação do patriotismo das crianças. Raras são as brinquedotecas, na França, que oferecem armas de brinquedo. Em uma delas, a funcionária explicou-nos que, para uma população de caserna da polícia militar, era importante que a criança pudesse dispor de um revólver que lhe permitisse imitar seu pai. Não se trata de considerar essas duas observações como posições marcadas por um valor intrínseco, mas de mostrar a complexidade do debate.

Afinal, o que se reprova no brinquedo é a brincadeira de guerra que todos reconhecem que é difícil de erradicar, a não ser que esta seja cerceada e tirem da criança, desse modo, toda a dimensão de liberdade, portanto de brincadeira.

Pode-se reprová-lo por valorizar a guerra. Isso é esquecer a dimensão segunda do brinquedo que só existe em relação a uma realidade anterior.

Podemos reprovar o brinquedo por encorajar os atos de violência ou, então, por ser responsável por uma visão militarista do mundo. Acontece que nenhum estudo vem ratificar essa posição. O estudo já citado parece mostrar, ao contrário, a ausência de correlação entre posse de brinquedos de guerra e visão de guerra do mundo. De todo modo, resta, em caso de correlação positiva, perguntar-se em que sentido funciona a causalidade. Pode-se imaginar, ao contrário, que o meio favorece uma visão bélica que vai se exprimir no desejo de possuir armas de brinquedo mais do que o inverso.

Destaca-se, igualmente, a dimensão comercial da venda de armas de brinquedo. Ela não é, em nada, específica para o brinquedo de guerra, nem para qualquer brinquedo. Não há lucro maior em se vender tais brinquedos do que bambolês, bonecas, um outro brinquedo ou um outro objeto. A razão comercial não parece pertinente a esse ponto de vista. Só se pode constatar que o brinquedo, como o resto, obedece ao princípio de um objeto de consumo. Seria preciso supor que sua venda está enraizada, não numa demanda em potencial ou, em todo caso, numa resposta positiva a uma oferta, mas numa vontade ideológica. Nada permite validar tal afirmação.

Alguns lembram o condicionamento relativo ao brinquedo. Contudo, ele é só o ponto de partida da brincadeira, um de seus elementos. A brincadeira pressupõe muitas outras coisas, outras fontes. A criança se apodera da brincadeira de acordo com a educação que recebeu, com as referências que possui, com os desejos que exprime. A brincadeira está além do brinquedo, modificando, muitas vezes, seu sentido. Se o brinquedo orienta parcialmente a brincadeira, é difícil dizer que ele a condiciona e, no caso da brincadeira de guerra, ele se insere na estrutura de guerra da brincadeira que precede o brinquedo como tal.

À iniciativa lúdica da criança deve corresponder a iniciativa educativa do adulto

Parece-me que a crítica subjacente ao brinquedo de guerra seja, talvez, de uma outra natureza. Por um lado, pode parecer chocante ver uma criança manipular com tanta despreocupação a vida e a morte, os suportes de uma destruição em potencial do homem. Há uma incompatibilidade entre nossa imagem da criança e esses objetos. Porém, como fazer para a criança entrar no nosso mundo tal como este é e não como ele deveria ser? A brincadeira é, sem dúvida, um dos meios para situá-la diante desse mundo.

Por outro lado, a brincadeira da criança não é o testemunho da impotência do adulto em erradicar a guerra? Nossas crianças refletem uma imagem ridícula de nós mesmos, de nossos conflitos. Não são mais brincadeiras de criança, e, no entanto, sob alguns aspectos não são simples brincadeiras de criança? Talvez exista no discurso contra a brincadeira e os brinquedos de guerra muita projeção e, principalmente, uma interpretação adulta que mascara o sentido da atividade infantil. Quanto ao ativismo na matéria, reconhecemos que é mais fácil tirar uma arma inofensiva de uma criança do que agir contra armas bem reais.

É preciso admitir que a manipulação de uma arma de brinquedo não é, em geral, um ato violento, mas sim a representação, talvez necessária, de um ato violento. Parece-me bem limitado pensar que a criança só possa ter interesse, nas suas brincadeiras, pelo lado bom das coisas. Ousaria dizer que me parece saudável que, através de sua brincadeira, ela descubra a cultura em todos os seus aspectos. É verdade que, em termos de educação, isso não é suficiente. Mas nenhuma brincadeira constitui o todo, nem mesmo a base de uma educação. À iniciativa lúdica da criança deve corresponder, em outros momentos, a iniciativa educativa do adulto.

7

Que possibilidades tem a brincadeira?

Cada vez mais se desenvolve, ao menos nos meios educacionais da criança pequena, um discurso relativo ao valor da brincadeira. De um lado, esse discurso parece encobrir práticas bem diversas e, principalmente, justificativas que, examinadas de perto, faltam com o rigor. É necessário convir que, em relação à brincadeira, estamos longe de nos situar num campo de certezas. Recusamo-nos, *a priori*, a nos situar, num discurso forçado sobre o valor positivo da brincadeira. Não existe aí nenhuma evidência e confessamos que sabemos pouca coisa sobre o papel da brincadeira. Antes de admitir, antecipando qualquer análise, que a brincadeira é boa e, em seguida, ficar justificando, da melhor maneira possível, a asserção de partida, é importante, se for o caso, ver o que permite atribuir à brincadeira algum valor na educação das crianças. E, para começar, é preciso compreender porque, nos dias de hoje, atribuímos tão facilmente um valor positivo à brincadeira infantil.

Na verdade, esse discurso valorizador não caiu do céu, mas relaciona-se com uma história, um conjunto de referências que, a título de prolegômenos, é importante percorrer rapidamente. Parece-me que aí existem duas origens, mesmo que elas estejam mais reprimidas do que manifestas: uma origem ideológica e uma origem científica.

De Rousseau ao Romantismo

Quanto à origem ideológica, é importante lembrar a mudança de perspectiva, no início do século XIX, sobre a concepção da criança e, consequentemente, da brincadeira. De fato, devemos essa mudança de perspectiva à ruptura romântica. Antigamente, a brincadeira era considerada, quase sempre, como fútil, ou melhor, tendo como única utilidade a distração, o recreio (daí o papel delegado à recreação) e, na pior das hipóteses, julgavam-na nefasta. O conceito dominante de criança não podia dar o menor valor a um comportamento que encontrava sua origem na própria criança, através de um comportamento espontâneo. Foi preciso, depois de Rousseau, que houvesse uma mudança profunda na imagem de criança e de natureza, para que se pudesse associar uma visão positiva às suas atividades espontâneas. O romantismo, ao contrário, com Richter[1] e alguns outros, vai exaltar os comportamentos naturais que expressam uma verdade mais essencial do que as ver-

---

1. Richter, Jean-Paul. *Levana ou traité d'éducation* (1806), tradução francesa. Lausanne, 1985.

dades racionais dos conhecimentos constituídos. A criança surge como se estivesse em contato com uma verdade revelada que lhe desvenda o sentido do mundo de modo espontâneo e o contato social pode destruir essa primeira verdade. A criança, que está próxima do poeta, do artista, exprime um conhecimento imediato que o adulto terá dificuldades para encontrar. Essa valorização da espontaneidade natural só pode conduzir a uma total reavaliação da brincadeira, que aparece como o comportamento por excelência dessa criança rica de potencialidades interiores. O aparecimento da valorização da brincadeira se apoia no mito de uma criança portadora de verdade. Romances e (auto) biografias tornaram-se, amplamente, porta-vozes de tais conceitos que delinearam a imagem dominante da criança.[2] E. T. A. Hoffmann, que popularizou a filosofia romântica, associou intimamente essa imagem da criança, naturalmente portadora da verdade, com a valorização da brincadeira, em seu conto "l'Enfant étranger".

Não foi a razão que colocou a brincadeira no centro da educação da criança pequena, mas a exaltação da naturalidade, uma filosofia que se impôs como ruptura com o racionalismo das Luzes. Para abrir a via que levasse em conta a brincadeira, foi preciso perceber a criança como portadora do valor da verdade, da poesia (diríamos, atualmente, da criatividade), foi preciso, sobretudo, que se desenvolvesse uma confiança quase cega na natureza. A

---

2. Consultar sobre esse assunto Lauwe, M. I. Chombart de. *Un monde autre, l'enfance*. Trad. Edusp. Paris, 1979.

brincadeira é boa porque a natureza pura, representada pela criança, é boa. Tornar a brincadeira um suporte pedagógico é seguir a natureza. Fröbel aplicará tais ideias num sistema de educação pré-escolar para crianças pequenas, baseado, em grande parte, na brincadeira (o *Kindergarten*, jardim de infância, cujo nome traduz todo o naturalismo dessa concepção). Porém, ao ler Fröbel, constatamos que esse herdeiro do pensamento romântico fundamenta sua pedagogia sobre uma filosofia, uma teosofia, que não dá lugar a uma argumentação racional. Na verdade, a brincadeira é percebida como a expressão direta da verdade na criança, que se deve incentivar:

> A brincadeira é o mais alto grau do desenvolvimento infantil nessa idade, porque ela é a manifestação livre e espontânea do interior, a manifestação do interior exigida pelo próprio interior [...].[3]

Foi o Romantismo que forneceu o cenário no qual se pôde pensar numa valorização da brincadeira infantil.

Depois disso, psicólogos tentarão fundamentar, cientificamente, esse valor de aprendizagem outorgado à brincadeira. Mas, tanto em Claparède quanto em Stanley Hall encontramos, no início deste século, a alegação da natureza como boa educadora da criança. Claparède, para continuar com esse exemplo, vê na brincadeira um modelo educativo proposto pela natureza, que deve ser seguido na

---

3. Fröbel. *L'éducation de l'homme*, tradução francesa. Bruxelas, 1881. p. 46.

medida em que a natureza, melhor do que homem, sabe o que é bom para a criança. Por detrás de uma concepção que é responsável por numerosos conceitos científicos da época, como a teoria da evolução, encontramos a valorização romântica da natureza, que justifica, em última análise, o crédito concedido à brincadeira.

A valorização da brincadeira apoia-se na supressão da dimensão social da educação da criança pequena que, tal como um animal, surge como dominada, mas, também, como conduzida pela natureza, da qual a brincadeira é o meio principal de educação. Dar lugar à brincadeira consiste em propor uma educação natural. É, portanto, sobre um conceito que não podemos aceitar, atualmente, que se fundamenta a origem da alegação da brincadeira como meio educativo.

Brincadeira e etologia

Não é surpreendente que o discurso científico, que vai interferir com o anterior, tenha resultado do estudo do comportamento dos animais, daquilo que chamamos, atualmente, etologia ou psicofisiologia animal. K. Groos, através de sua obra sobre a brincadeira dos animais, é um precursor no assunto. Ao se inscrever no quadro darwiniano da teoria da evolução, ele justifica o papel biológico da brincadeira como uma necessidade para qualquer animal pequeno superior: é o meio indispensável para treinamento de instintos latentes. A brincadeira resultou da seleção natural, como um instinto que, guiando a aprendizagem do jovem, melhora o desempenho do adulto, o que o leva a enunciar: "os animais não brincam porque são jovens, mas são jovens porque devem brincar" e, mais adiante,

> os animais possuem a juventude para que possam brincar; pois, somente dessa maneira podem aperfeiçoar, a tempo, pela experiência individual, os meios herdados e insuficientes por si mesmos, a fim de estar à altura das tarefas da vida.[4]

Muitas vezes a referência animal justifica o valor essencial, porque está fundamentado na natureza enquanto lei biológica da brincadeira, inclusive na criança humana. Contudo, o que foi feito da reflexão atual da etologia, no que diz respeito ao valor da brincadeira animal?[5] Parece ter sido questionada em muitos pontos de vista. Especialmente os estudos empíricos (sobre os gatos, os chacais, os ratos) não puderam demonstrar nenhuma desvantagem (em particular nos comportamentos predatórios) junto aos sujeitos privados da brincadeira, e nenhum ganho junto àqueles para quem a brincadeira havia sido estimulada. A análise da literatura mostra a impossibilidade de demons-

---

4. Groos, K. *Le jeu des animaux*, p. 68.

5. Durante toda essa parte crítica, eu me apoio no artigo admirável de Martin, P. e Caro, T. M. "On the functions of play and its role in behavioral development". In: *Advances in the Study of Behavior*, v. 15, 1985. Agradeço a Alain Lenoir, professor de Psicofisiologia na Université Paris-Nord, por haver chamado minha atenção para esse artigo.

trar, de modo rigoroso, um benefício seguro, a longo prazo, dos comportamentos de brincadeira e a própria definição desses comportamentos pressupõe a ausência de benefício imediato. Mais grave, ainda, para nós, uma rápida revisão da literatura, consagrada à brincadeira das crianças, levanta muitas dúvidas sobre os benefícios visíveis desse comportamento nos humanos. Isso não significa que a invisibilidade do ganho prove sua inexistência, mas, em todo caso, não é possível ressaltar sua evidência. Isso parece contradizer a teoria da evolução que supõe que todo comportamento mantido é acompanhado de um benefício superior ao seu custo. Os estudos sobre o gasto da brincadeira em tempo e em energia, junto aos animais, permitem descobrir seu baixo custo, contra as teorias que postulam uma importância quantitativa; foram obtidos resultados que variam entre 2% e 10% de energia e de tempo dispendidos por um indivíduo. Se o custo é baixo, o próprio benefício pode ser baixo. Além do mais, é um comportamento ausente nas espécies vizinhas das espécies "que brincam", um comportamento que desaparece facilmente quando o contexto muda. Enfim, os adultos brincam, sem que se possa justificar seu comportamento através da aprendizagem. Todos esses argumentos convidam a reavaliar nosso conceito de brincadeira. É preciso admitir que seu benefício é fraco, talvez imediato e não diferenciado. É sua fraqueza que pode justificar a afirmação de que ela não foi percebida pelos pesquisadores. Pode-se, também, encarar a possibilidade de que se trata de um comportamento não necessário, na medida em que pode ser substituído por outros comportamentos, para garantir ao futuro adulto a mesma contribuição. Encontramo-nos, talvez mais modestamente, diante de um facilitador de desenvolvimento, de importância menor, ao meio de adaptação imediata para o jovem, sem efeitos importantes, a longo prazo.

Essas novas hipóteses nos afastam dos conceitos anteriores, que tendem a fazer da brincadeira a panaceia do desenvolvimento. Entretanto, não queremos repetir o erro daqueles que viram na análise do comportamento animal a chave do comportamento da criança. Sem dúvida, não existe uma medida comum entre os dois: o que é essencial na brincadeira infantil (a dimensão simbólica) está ausente na brincadeira animal. Simplesmente, deduziremos que não se pode apoiar na etologia para impor a ideia de um valor educativo da brincadeira da criança mas, também, que é preciso reconhecer que, tanto na criança quanto no animal, não dispomos de provas exatas de um papel essencial da brincadeira na educação.

A posição daqueles que postulam um interesse pela brincadeira na aprendizagem parece bem enfraquecida a partir do momento em que os modelos ideológicos românticos e etológicos foram desfeitos, ambos valorizando uma atividade lúdica espontânea na criança, como fonte de aprendizagem. Compreendem-se então, mais facilmente, certas reticências diante da brincadeira, que convidam a práticas que introduzem a brincadeira sem, no entanto, aceitar essa confiança na natureza. É uma prática antiga, anterior à valorização da brincadeira. Trata-se de um artifí-

BRINQUEDO E CULTURA

103

cio, como bem enunciou Erasmo.[6] Uma atividade de aprendizagem, controlada pelo educador, toma o aspecto de brincadeira para seduzir a criança. Porém, a criança não toma a iniciativa da brincadeira, nem tem o domínio de seu conteúdo e de seu desenvolvimento. O domínio pertence ao adulto, que pode certificar-se do valor do conteúdo didático transmitido dessa forma. Trata-se de utilizar o interesse da criança pela brincadeira a fim de desviá-la, de utilizá-la para uma boa causa. Compreendemos que aí só existe brincadeira por analogia, por uma remota semelhança.

Desse modo, encontramo-nos, de um lado, diante de uma brincadeira que respeita as dificuldades de uma aprendizagem definida socialmente, mas que não é mais brincadeira e, de outro lado, diante de uma brincadeira como tal, mas cujo valor repousa no mito de uma natureza boa.

No entanto, precisamos fundamentar o interesse da brincadeira em outra coisa além de palavras favoráveis ou mitos, precisamos tentar saber quais as possibilidades da brincadeira. É necessário, portanto, partir de uma análise dos aspectos específicos da brincadeira, tal como é vivenciada pela criança (mas, também, pelo adulto quando brinca porque quer e não para impor uma brincadeira à criança).

---

6. Erasmo. *De l'éducation des enfants* (1526), tradução francesa, Genebra, 1966: "Em todas as coisas, a maior parte da desagregação provém da imaginação que, às vezes, faz experimentar o mal, mesmo onde ele não existe. O papel do preceptor será o de excluir, por todos os meios, essa mesma imaginação, e de levar ao estudo a marca da brincadeira [...]. Porque nessa idade é necessário enganá-los com estímulos sedutores" (p. 422).

Brincadeira e cultura

Trataremos aqui da brincadeira humana que supõe contexto social e cultural. É preciso, efetivamente, romper com o mito da brincadeira natural. A criança está inserida, desde o seu nascimento, num contexto social e seus comportamentos estão impregnados por essa imersão inevitável. Não existe na criança uma brincadeira natural. A brincadeira é um processo de relações interindividuais, portanto de cultura. É preciso partir dos elementos que ela vai encontrar em seu ambiente imediato, em parte estruturado por seu meio, para se adaptar às suas capacidades. A brincadeira pressupõe uma aprendizagem social. Aprende-se a brincar. A brincadeira não é inata, pelo menos nas formas que ela adquire junto ao homem. A criança pequena é iniciada na brincadeira por pessoas que cuidam dela, particularmente sua mãe. Não tem sentido afirmar que uma criança de poucos dias, ou de algumas semanas, brinca por iniciativa própria. É o adulto que, como destaca Wallon, por metáfora, batizou de brincadeira todos os comportamentos de descoberta da criança. Porém, é certo que os adultos brincam com a criança. A criança entra progressivamente na brincadeira do adulto, de quem ela é inicialmente o brinquedo, o espectador ativo e, depois, o real parceiro. Ela é introduzida no espaço e no tempo particulares ao jogo. Além dessa iniciação, seus comportamentos se originam, antes de mais nada, nas descobertas. Ao querer chamar de brincadeira o conjunto da atividade juvenil, perdemos a própria especificidade desse comportamento.

Contudo, o que a criança aprende através dessa iniciação progressiva na brincadeira? Ela aprende, justamente, a compreender, dominar, e depois produzir uma situação específica, distinta de outras situações.

Bateson (1977) nos informa que essa brincadeira supõe uma comunicação específica que é, de fato, uma metacomunicação. Para que exista uma brincadeira, é preciso que os parceiros entrem num acordo sobre as modalidades de sua comunicação e indiquem (é o conteúdo dessa metacomunicação) que se trata de uma brincadeira:

> A brincadeira só é possível se os seres que a ela se dedicam forem capazes de um certo grau de metacomunicação, ou seja, se forem capazes de trocar sinais que veiculem a mensagem *isto é uma brincadeira*.[7]

As maneiras da significação são variadas: podem ser explícita ou implícita, verbal ou não verbal. Citaremos como exemplo o condicional lúdico ("se a gente"). Porém, o simples gesto de estender um brinquedo pode servir de metacomunicação suficiente e deflagrar a brincadeira, espaço específico onde as atividades vão ter um outro valor. *A brincadeira supõe, portanto, a capacidade de considerar uma ação de um modo diferente, porque o parceiro em potencial lhe terá dado um valor de comunicação particular*: é o que permite distinguir a briga de verdade daquela que não passa de uma brincadeira. Para que isso aconteça, é pre-

---

7. Bateson, G. Une théorie de jeu et du fantasme. In: *Vers une Écologie de l'Esprit*, tradução francesa. Paris, 1977. t. I.

ciso que haja acordo e compreensão de determinados sinais. Essa metacomunicação transforma o valor de certos atos, para torná-los falsas aparências, atos que têm um sentido diferente daquele que poderíamos depreender à primeira vista.

A brincadeira é uma mutação do sentido, da realidade: as coisas aí tornam-se outras. É um espaço à margem da vida comum, que obedece a regras criadas pela circunstância. Os objetos, no caso, podem ser diferentes daquilo que aparentam. Entretanto, os comportamentos são idênticos aos da vida cotidiana:

> O caráter hídico de um ato não provém da natureza daquilo que é feito, mas da maneira como é feito [...] A brincadeira não comporta nenhuma atividade instrumental que lhe seja própria. Ela tira suas configurações de comportamentos de outros sistemas afetivo-comportamentais.[8]

A brincadeira não é um comportamento específico, mas uma situação na qual esse comportamento toma uma significação específica. É possível ver em que a brincadeira supõe comunicação e interpretação. Para que essa situação particular surja, existe uma decisão por parte daqueles que brincam: decisão de entrar na brincadeira, mas também de construí-la segundo modalidades particulares. Sem livre escolha, ou seja, possibilidade real de decidir, não existe

---

8. Reynolds, P. C. Play, langage and human evolution, 1972, citado por Bruner, J. S. *Le développement de l'enfant*: savoir faire, savoir dire, tradução francesa. Paris, 1983. p. 223.

mais brincadeira, mas uma sucessão de comportamentos que têm sua origem fora daquele que brinca. Se um jogador de xadrez não é livre para decidir seu próximo lance, não é ele quem joga. Se uma criança não é livre para decidir se sua boneca deve dormir, de modo idêntico, não é ela quem brinca. A brincadeira aparece como um sistema de sucessão de decisões. Esse sistema se exprime através de um conjunto de regras, porque as decisões constroem um universo lúdico, partilhado ou partilhável com outros.

Regra e livre escolha

Para brincar, existe um acordo sobre as regras (é o caso de jogos clássicos já existentes, em que os jogadores, de comum acordo, podem transformar certos aspectos das regras) ou uma construção de regras. É o caso das brincadeiras simbólicas, que supõem um acordo sobre os papéis e os atos. As regras não preexistem à brincadeira, mas são produzidas à medida que se o desenvolve a brincadeira. Vygotsky[9] mostrou, claramente, que o imaginário da brincadeira era produzido pela regra. Não existe jogo sem regra. Contudo, é preciso ver que a regra não é a lei, nem mesmo a regra social que é imposta de fora. Uma regra da brincadeira só tem valor se for aceita por aqueles que brincam e só vale durante a brincadeira. Ela pode ser transformada

---

9. Vygotsky, L. S. Play and its role in the mental development of child. In: *Soviet Psychology*, primavera 1967, v. V, n. 3, p. 6-18.

por um acordo entre os que brincam. Isto mostra bem a especificidade de uma situação que se constrói pela decisão de brincar, e que é, de fato, desfeita quando essa decisão é questionada. A regra permite, assim, criar uma outra situação que libera os limites do real.

Essa situação específica pode aparecer como um espaço de experiências bem original:

> Na brincadeira, o comportamento se encontra dissociado (e protegido contra) de suas consequências normais. É aí que residem, ao mesmo tempo, a flexibilidade e a frivolidade da brincadeira.[10]

Essa situação, frívola diante da parada das obrigações e condições da vida cotidiana, surge como um espaço único de experiências para aquele que brinca. Ele pode tentar, sem medo, a confirmação do real. Assim, "a brincadeira fornece a ocasião de tentar combinações de conduta que, sob pressões funcionais, não seriam tentadas".[11] Por causa disso, é um espaço de inovação, de criação, para a criança. Não se trata, nesse caso, de fazer ressurgir a criatividade romântica atribuída à infância, mas de considerar que a criança, nessa situação, experimenta comportamentos novos para ela, criatividade relativa e não absoluta, mas essencial para a descoberta de suas competências. É uma criatividade da mesma natureza daquela que, segundo

---

10. Reynolds, P. C. op. cit., p. 224.
11. Bruner, J. S. ibid. p. 53.

BRINQUEDO E CULTURA

Chomsky,[12] funciona na linguagem. A partir de palavras e de estruturas gramaticais conhecidas, o locutor pode pronunciar enunciados que nunca ouviu, que são novos para ele, embora milhares de outras pessoas tenham podido pronunciá-los antes dele.

Portanto, a brincadeira é um espaço social, uma vez que não é criada espontaneamente, mas em consequência de uma aprendizagem social e supõe uma significação conferida por todos que dela participam (convenção). Porém, muitas atividades elementares da criança pequena, que usualmente chamamos de brincadeira, não são brincadeiras nesse sentido. Esse espaço social supõe regras. Na introdução e no desenvolvimento da brincadeira, existe uma escolha e decisões contínuas da criança. Nada mantém o acordo a não ser o desejo de todos os parceiros. Na falta desse acordo, que pode ser longamente negociado, o jogo se desmancha. A regra produz um mundo específico marcado pelo exercício, pelo fazer de conta, pelo imaginário. A criança pode, sem riscos, inventar, criar, tentar, nesse universo. A brincadeira é "um meio de minimizar as consequências de seus próprios atos e, por isso, aprender numa situação que comporta menos riscos".[13] Contudo, é também um mundo aberto, incerto. Não se sabe, com antecedência, o que se vai encontrar: a brincadeira possui uma dimensão aleatória. Nela encontramos o acaso ou a indeterminação, resultantes da complexidade das causas que estão em ação.

---

12. Chomsky, N. *La linguistique cartésienne.*

13. Bruner, J. S. ibid. p. 52.

É um espaço que não pode ser totalmente dominado de fora. Toda coação interna faz ressurgir a brincadeira... toda coação externa arrisca-se a destruí-la.

A situação assim descrita parece um meio de educação da criança, mesmo que precisemos ser reservados quanto aos benefícios reais que a criança pode retirar dela, na falta de poder colocá-las diretamente em evidência: aparentemente é um espaço de socialização, de domínio da relação com o outro, de apropriação da cultura, de exercício da decisão e da invenção. Mas, tudo isso ocorre segundo o ritmo da criança, e possui um aspecto aleatório e incerto. Não se pode fundamentar, na brincadeira, um programa pedagógico preciso. Quem brinca pode sempre evitar aquilo que lhe desagrada. Se a liberdade valoriza as aprendizagens adquiridas na brincadeira, ela produz, também, uma incerteza quanto aos resultados. Daí a impossibilidade de assegurar aprendizagens, de um modo preciso, na brincadeira. É o paradoxo da brincadeira, espaço de aprendizagem cultural fabuloso e incerto.

Além do mais, a brincadeira é ambígua sob um outro ponto de vista: ela pode, às vezes, ser mais um lugar de conformismo, de adaptação à cultura, tal como a cultura existe. Nada garante que a inovação, a abertura, tenham sempre um papel importante. Como consequência, temos valores educativos que não podem se contentar com a brincadeira. Não se pode confiar na brincadeira, mas não se pode evitar um convite para a brincadeira. Não temos nenhuma certeza quanto ao valor final da brincadeira, mas certas aprendizagens essenciais parecem ganhar com o desenvolvimento da brincadeira. Estamos diante de um paradoxo que explica bem as reações, quer elas sejam favoráveis ou desfavoráveis à utilização da brincadeira. Então, o que pode fazer o educador?

O ambiente indutor

Voltemos à própria lógica da brincadeira; não esqueçamos que ela é uma confrontação com uma cultura. A criança não brinca numa ilha deserta. Ela brinca com as substâncias materiais e imateriais que lhe são propostas. Ela brinca com o que tem à mão e com o que tem na cabeça. Os brinquedos orientam a brincadeira, trazem-lhe a matéria. Algumas pessoas são tentadas a dizer que eles a condicionam, mas, então, toda brincadeira está condicionada pelo meio ambiente. Só se pode brincar com o que se tem, e a criatividade, tal como a evocamos, permite, justamente, ultrapassar esse ambiente, sempre particular e limitado. O educador pode, portanto, construir um ambiente que estimule a brincadeira em função dos resultados desejados. Não se tem certeza de que a criança vá agir, com esse material, como desejaríamos, mas aumentamos, assim, as chances de que ela o faça; num universo sem certezas, só podemos trabalhar com probabilidades. Portanto, é importante analisar seus objetivos e tentar, por isso, propor materiais que otimizem as chances de preencher tais objetivos. Não há somente o material, é preciso levar em conta as outras contribuições, tudo aquilo que propicie à criança pontos de apoio para sua atividade lúdica. Percebe-se a dimensão circular da brincadeira: aprendizagens anteriores reforçam a riqueza potencial da brincadeira. Ela não é um ponto de partida. A brincadeira, sem dúvida, traz mais àqueles que têm mais, o que não é uma razão para que dela se privem aqueles que têm menos, pelo contrário.

Um estudo desenvolvido no Québec, sobre os "cantos" de brincadeira de imitação das classes de pré-escola (crianças de 5 a 6 anos) mostra, claramente, que a qualidade das brincadeiras (importância das relações entre as crianças, atos adaptados à situação colocada) depende muito do material proposto e de sua organização. Quatro critérios foram colocados em evidência: disposição lógica dos móveis, diversificação dos papéis sugeridos, presença de um material completo para os roteiros sugeridos, ambiente protegido que garanta uma privacidade das crianças.[14] Outros estudos sobre os bonecos fantásticos nas classes de pré-escola francesas (crianças de 2 a 6 anos) mostram como o mesmo brinquedo, de acordo com o contexto, pode produzir jogos repetitivos e estereotipados ou ricos em invenções e diversidade. As contribuições das crianças são importantes, mas também a disposição do lugar, o material proposto, a atitude do professor etc.

---

14. Thériault, J.; Doyon, D.; Doucet, M.; Van Tham, S. *L'exploitation du matériel dans l'aire des jeux symboliques*. Éditions du Département des Sciences de l'Éducation, Université du Québec à Chicoutimi: Chicoutimi, 1987.

Diante da indeterminação da brincadeira, a única ação que se pode conciliar com o respeito por essa atividade parece ser a intervenção sobre o contexto, seja através do ambiente material, seja pela própria cultura da criança, mas fora da hora da brincadeira.

Podemos, para concluir, voltar ao paradoxo da brincadeira ligado à sua indeterminação, que é, ao mesmo tempo, seu atrativo e seu limite. Na verdade, a brincadeira dá testemunho da abertura e da invenção do possível, do qual ela é o espaço potencial do surgimento. A brincadeira que pode ser, às vezes, uma escola de conformismo social, de adequação às situações propostas, pode, do mesmo modo, tornar-se um espaço de invenção, de curiosidade e de experiências diversificadas, por menos que a sociedade ofereça às crianças os meios para isso. Acontece que essa abertura marca um dos aspectos essenciais das sociedades modernas, caracterizadas pela indeterminação do futuro de cada indivíduo. A eventualidade da brincadeira corresponde, intimamente, à imprevisibilidade de um futuro aberto.

Bibliografia

BROUGÈRE, Gilles. *Le jouet ou la production de l'enfance*. Paris: Universidade de Bordeaux II, 1981.

_____. Le jouet aujourd'hui: un objet industriel parmi d'autres. *La Marge*, Paris, maio 1984.

_____. *Le jouet comme média culurel*. Comunicação no 3º Congresso Internacional das Ludotecas, Bruxelas, 21-25 maio 1984.

_____. Jouet avec des figurines à l'école maternelle. *International Journal of Early Chilhood*, v. 19, n. 1, p. 37-42, 1987.

_____. Rite de Noël et don du jouet. *Dialogue*, n. 110, p. 120-127, 4º trim. 1990.

_____. L'imaginaire, matière première du jouet. In: *Actes du colloque savoir-faire technologiques et communications dans l'industrie du jouet*. Arc-et-Senan, nov. 1989. Maison du Jouet, Moirans-en-Montagne, 1990. p. 23-26.

_____. Marché du jouet: choix des enfants et rôle de la famille. *Education et Pédagogies*, n. 13, p. 38-45, mar. 1992.

CAZENEUVE, J. Le jeu dans la société. *Encyclopédia Universalis*, p. 9, 1968.

ERASMO. *De l'éducation des enfants* (1526), tradução francesa. Genebra, 1966. p. 422.

FRÖBEL, F. *L'éducation de l'homme*, tradução francesa. Bruxelas, 1881. p. 46.

GARON, Denise. *La classification des jeux et jouets*; le système ESAR. Documento. Québec: La Pocatière, 1985.

KLINE, Stephen. *Out of garden*: toys and childrens in the age of TV marketing. Toronto: Garamond Press, 1993.

LAUWE, M. J. Chombart de. *Un monde autre, l'enfance*. Paris, 1979.

LURÇAT, L. *Le jeune enfánt devant les apparences télévisuelles.* Paris, 1984.

RABAIN, J. *L'enfant du lignage*. Paris: Payot, 1979.

REDDE, G. *L'enfant et les jouets*. Tese. Bourdeaux II, 1984. 3 v.

RICHTER, Jean-Paul. *Levana ou traité d'éducation* (1806), tradução francesa. Lausanne, 1985.

SUTTON-SMITH, Brian. *Toys as culture*. Nova York: Gardner Press, 1986.

THÉRIAULT, J.; DOYON, D.; DOUCET, M.; VAN THAM, S. *L'exploitation du matériel dans l'aire des jeux symboliques*. Éditions du Département des Sciences de l'Éducation. Chicoutimi: Université du Québec à Chicoutimi, 1987.

VYGOTSKY, L. S. Play and its role in the mental development of child. *Soviet Psycology, V*, n. 3, p. 6-18, primavera de 1967.

questões da nossa época

A nova **coleção questões da nossa época** integra os projetos comemorativos dos 30 anos da Cortez Editora. Neste recomeço, seleciona textos endossados pelo público, relacionados a temáticas permanentes das áreas de Educação, Cultura Brasileira, Serviço Social, Meio Ambiente, Filosofia, Linguagem, entre outras.

Em novo formato, a *Coleção* divulga autores prestigiados e novos autores, que discutem conceitos, instauram polêmicas, repropõem *questões* com novos olhares.